茶饮

施袁喜 著

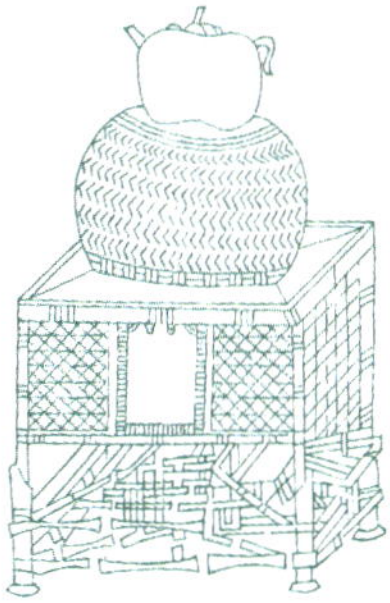

古人的日常生活

北京理工大学出版社
BEIJING INSTITUTE OF TECHNOLOGY PRESS

图书在版编目（CIP）数据

古人的日常生活. 茶饮 / 施袁喜著. -- 北京：北京理工大学出版社，2022.5
ISBN 978-7-5763-0947-8

Ⅰ. ①古… Ⅱ. ①施… Ⅲ. ①社会生活—中国—古代—通俗读物②茶文化—中国—古代—通俗读物 Ⅳ. ①D691.93-49②TS971.21-49

中国版本图书馆CIP数据核字（2022）第027396号

出版发行 / 北京理工大学出版社有限责任公司
社　　址 / 北京市海淀区中关村南大街5号
邮　　编 / 100081
电　　话 / （010）68914775（总编室）
（010）82562903（教材售后服务热线）
（010）68944723（其他图书服务热线）
网　　址 / http: //www.bitpress.com.cn
经　　销 / 全国各地新华书店
印　　刷 / 三河市嘉科万达彩色印刷有限公司
开　　本 / 880毫米 × 1230毫米　1/32
印　　张 / 9
字　　数 / 199千字
版　　次 / 2022年5月第1版　2022年5月第1次印刷
定　　价 / 78.00元

责任编辑 / 徐艳君
文案编辑 / 徐艳君
责任校对 / 周瑞红
责任印制 / 施胜娟

序言

致茶生活者

茶饮同道：

见书如晤，同席一茶！

从春分到立夏，中国人本该被二十四节气安排，尤其南方，春耕之余，采茶、制茶、贸茶，以春茶换取日用，祖辈如此，毋庸置疑。

在世代营茶的杭州西湖、福建武夷山、安徽安溪、河南信阳、四川峨眉、云南普洱等地，古人的日常生活，绵延传承至今，并不因时日远去而消失。

本部茶饮，并非泥古，也不赶新。我们所要倡导的，并非名山名茶，并非天价单株与高杆古树，而是大大方方、自然而然的华夏茶统。

何为华夏茶统？

一是由来有自。从人类童年期的上古传说，神农尝百草遇茶解毒开始，历朝历代，千年茶人，上至天子大臣下及黎民百姓，无不以茶饮为日常，晨昏日饮，或为解渴、或为待客、或为治病、或为美育，贯穿于上下五千年的中国式生活方式中。

二是波及世界。千秋茶事悠悠，万丈红尘里，妙趣横生的茶故事多如牛毛。从译注有“日本茶经”之称的荣西禅师《吃茶养生记》开始，我遍翻历国传茶史，发现中国茶实乃融通中西文化的关键——“叶”。从众所周知的茶叶战争到历久弥新的茶马古道，无不因茶连接、交汇与贯通。

三是受惠者众。古今中外，历朝历代，以茶养生者不可枚数。秦皇汉武，雄图霸业，已被时间打发；唐宗宋祖，亦领风骚，曾于三杯两盏间消磨……更有宋徽宗大观论茶、苏东坡行茶若思，明有张岱茶行美学和唐伯虎点茶点秋香，及至民国当代，李叔同、苏曼殊、胡适、辜鸿铭、鲁迅、周作人、闻一多、老舍、梁实秋、林语堂、巴金、汪曾祺等人，无不与茶亲。

是谓：“万丈红尘三杯酒，千秋大业一壶茶。”

茶与书，如茶与诗、与画、与琴、与生活，相宜共生，各美其美，美美与共。普及茶文化之外，殊难得者，本书“扩展阅读”部分，集茶知识百科，教学相长。

缕古人日常茶饮，顺今日健康大道。春风秋月，杯口一别，纸短情长，竟已千年。

是为本书寄言，一如清茶行经！

不如吃茶去！

且诵元稹《茶》收尾——

茶，
香叶，嫩芽。
慕诗客，爱僧家。
碾雕白玉，罗织红纱。
铫煎黄蕊色，碗转曲尘花。
夜后邀陪明月，晨前命对朝霞。
洗尽古今人不倦，将至醉后岂堪夸。

施袁喜　奉上

庚子年破春立夏

目录

壹 千年茶事

贰 千年茶人

目录

肆　茶缘茶韵

壹 千年茶事

第一节 从野生到茶市

发现了茶叶之后，神农氏继续着自己的寻药之路。由于某些草药中含有毒素，神农氏经常会在品尝植物的时候中毒。一次他服用了一株毒性很大的小草，脸色变得乌青，心里也难受至极。这时，他想起了那种叫『茶』的叶子，便赶紧含服了几片，毒性竟然慢慢解掉了。

神农氏的发现

距今5000多年前的三皇五帝时期，在今天的四川东部和湖北西北部的山区里，有一个叫“三苗”“九黎”的强悍部落，这个部落的首领就是后来被称为神农氏的炎帝。神农氏是一个身体强健的智者，他率领的部落不断壮大，很快成为长江流域最庞大的群体。随着部落人口的骤增，用于果腹的野兽和野果出现了短缺，人的生命面临着巨大威胁，所有的成员都把目光投向了他们信任的首领。在某一天的早晨，神农氏独自走出部落，去寻找可以维系人们生命的东西。他首先发现了可以种植的谷物，于是教人们播种五谷，使大家过上了衣食无忧的生活。之后，人们又开始被病痛折磨，好多部落成员因病倒卧，有的还失去了生命。于是，

南朝　张僧繇绘　神农伏羲像轴

明代　郭诩绘《神农尝百草图》

炎帝又称赤帝、烈山氏，名石年，相传他牛头人身，是以牛为图腾的氏族的首领。关于炎帝和神农的关系，有一种说法认为，第一世炎帝叫神农，他的时代比黄帝的时代大约早几百年，而和黄帝同一个时代的炎帝是第八世炎帝，叫榆罔。后人尊称神农为『药王』『五谷王』『五谷先帝』『神农大帝』等。传说，神农氏的样貌很奇特，身体除四肢和脑袋外都是透明的，内脏清晰可见。神农氏尝尽百草，若药草有毒，他服下后内脏就会呈黑色，以此来判断药草对于人体哪一个部位有影响。《神农本草经》中有『神农尝百草，日遇七十二毒，得荼而解之』的记载，唐代陆羽的《茶经》也说『茶之为饮，发乎神农氏』。据后世学者考证，茶叶即便不是神农氏本人的发现，也应是来自炎帝部落的其他人或后人的发现。它最初只被当作药用，是一种高大的野生茶树的叶子。

神农氏又离开了居住之所，去寻找能为大家解除病痛的药物。在无数个日子里，他翻过了一座又一座高山，蹚过一条又一条大河，尝遍了山中及河岸的每一株野草，找到了不少能够医治病痛的植物。据说神农氏的肚子是透明的，能清楚地看到五脏六腑，这使他得以方便地观察草药到了肚子里的变化，发现它们的具体作用。有一天，神农氏在山上又吞下了好几种新的植物，觉得有些累了，便在一棵大树下支起陶罐煮水，水快要烧开时，一些叶子从树上掉下，飘进了陶罐之中。喝过这些绿叶煮出的微带苦涩的浓汤，神农氏忽然感到无比的舒爽，一种从未有过的美妙感受荡漾在全身。他赶忙站起身，又摘了几片叶子去品尝，叶子进入肠胃后，在里边滚来滚去，像是在清洁一般，人的精神立刻清爽了许多。神农氏小心地把这种叶子收集起来，给它们起名为“荼”，这就是后来的茶。

发现了茶叶之后，神农氏继续着自己的寻药之路。由于某些草药中含有毒素，神农氏经常会在品尝植物的时候中毒。一次他服用了一株毒性很大的小草，脸色变得乌青，心里也难受至极。这时，他想起了那种叫“荼”的叶子，便赶紧含服了几片，毒性竟然慢慢解掉了。于是，神农氏知道了“荼”可以解毒，他把这种神奇的叶子当作了一味最好的解毒草药。这就是关于茶的最早的传说。事实上《神农本草经》里确实有“神农尝百草，日遇七十二毒，得荼而解之”的记载，唐代陆羽的《茶经》也说“茶之为饮，发乎神农氏”，可见这一传说并非无中生有。此外，南北朝刘琨所著的《购茶》一书也有安州（今湖北安陆）产茶的记载。抛开传说中的神话成分，从常理上分析，尝百草的神农氏（或炎帝同时代人）在品尝百草时发现同为植物的茶叶也是较为合理的解释。当然，传说和推断都不能作为确定茶叶发现者的依据。好在专家考证后也认为，野生茶树的发源地就在我国西南地区，茶业的兴起正是从四川、湖北一带开始。所以，至少可以做出这样的判断：茶叶即便不是神农氏本人的发现，也应是来自炎帝部落的其他人或后人的发现，它最初只被当作药用，是一种高大的野生茶树的叶子。至于发现茶叶的时间，肯定在距今3000多年以前。

巴蜀的园子

上古时期的人们发现了茶的妙用之后，这些神奇的叶子便开始走入了人类的生活，不过在相当长的一个阶段内，他们采摘的茶叶都来自野生的茶树。这种状况持续了多少年目前尚无定论，但到了西周初年，即传说中的神农氏发现野生茶树 1600 多年之后，人工种植的茶园在炎帝部落曾经生活过的巴蜀之地终于发展成熟。这时，已成为周朝诸侯国的巴国和蜀国还将茶园中的精品当作贡品，年年送给周天子享用。《华阳国志》“巴志”中已把这种贡茶称为“香茗”，可见其味道与野生的茶相比有了很大的不同。这也是迄今为止最早的关于茶叶种植的记载。

巴国和蜀国虽然同为周王室的属国，却一直未能和睦相处，相互之间的争斗时有发生。周显王十二年（公元前 347 年），蜀王在今四川剑阁东北划出一块地盘，交给他的一个叫葭萌的弟弟，封其为“苴侯”并将他所在的城邑称作“葭萌”。“葭萌”是蜀人对茶的称谓，因此，“苴侯”所在的那个城邑就是茶邑。以“业”作为分封领地的名字现在看来有点奇怪，但在古蜀时非常普遍。比如蜀地的开国国君蚕丛王就是驯育野蚕为家蚕的君主，另一位叫鱼凫王的蜀王则是驯养鱼鹰帮助捕鱼的创始人。因此，这位以茶为名、以茶名邑的葭萌自然也是一位植茶的高手。身为一个爱茶专茶的新王，“苴侯”不大热心争战之事，因此，他来到“葭萌”后不久，便与蜀国的宿敌巴国结为友好之国，专心以自己的方法治理国家。这种做法使他的哥哥大为生气，劝解不成后，便发兵向葭萌问罪。葭萌抵挡不过兄长的进攻，只好逃往巴国。盛怒之下的蜀王又率军攻打巴国，并很快取得了优势。无奈之中，巴王向强大的秦国求援，早就垂涎巴蜀之地的秦国这时正准备进攻楚国，看到这个机会，马上暂停伐楚计划，先派出张仪和司马错率兵入蜀，一举攻下蜀国，接着又灭掉苴国和巴国，将巴蜀之地全都纳入了秦国的版图。

巴蜀相争引狼入室，使自己遭受了灭顶之灾，秦国在这场角逐中成为最大的赢家。秦占领巴蜀之后，马上进行了大规模的移民，使秦地与巴蜀的人员交往日趋频繁，经济文化的交流也更加顺畅，巴蜀的茗茶之风和植茶技术也得以传入秦国。之后，随着秦王朝吞并战国诸雄，建立起强大的秦帝国，在巴蜀这块封闭的领地内盛行了多年的植茶之风终于有了走向全国的机会。

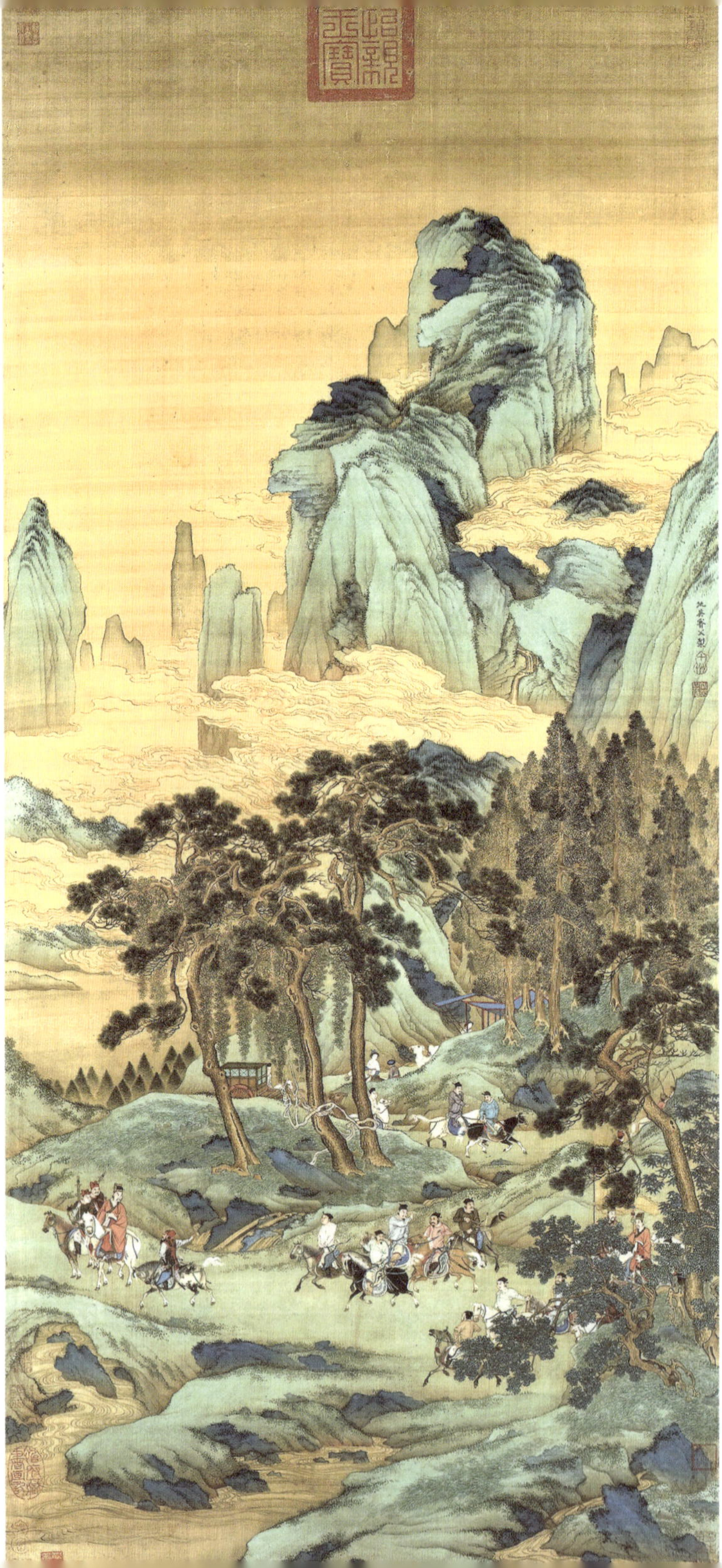

明代　仇英绘　仿明皇幸蜀图轴

此图描绘唐玄宗前往蜀地躲避安史之乱的情景。巴蜀山川自古就以雄险幽秀著称，难以逾越，因此与中原长期隔绝。《蜀道难》中就提到：『蚕丛及鱼凫，开国何茫然！尔来四万八千岁，不与秦塞通人烟。』但在秦朝占领巴蜀后，秦地与巴蜀的经济文化交流日益频繁，巴蜀的茗茶之风和植茶技术才得以传入中原。

蓮花冠子道人衣日侍君王宴
紫微花柳不知人已去年年鬬綠
與爭緋
蜀後主每於宮中裹小巾命宮妓
衣道衣冠蓮花冠日尋花柳以
侍酣宴蜀之謠已溢耳矣而主之
不挹注之竟至濫觴俾後想搖
頭之令不無扼腕唐寅

明代　唐寅绘　王蜀宫妓图

《僮约》中的茶市

始于巴蜀的植茶之术从秦代起逐渐在各地普及，使茶叶的产量日渐增多，但其主要的功能还是药用。随着茶叶品质的不断提高和泡茶技艺的成熟，饮茶才逐渐被越来越多的人接受。到西汉时，南方的官宦名士都把茶当作了饮中佳品，品茗已成为当时社会的时尚之举，集市上也相应地开始出现专门卖茶的铺位。

中国关于商业卖茶的最早记载见于一份叫《僮约》的雇工合同，合同的起草者是蜀地资中（今四川资阳）人王褒。王褒字子渊，是西汉宣帝年间的名士，擅长作赋，有《中和》《乐职》《圣主

东汉　漆碗（一对）

汉代流行漆器，后代学者考据，大多是用以喝酒，但同时也不排除是茶具的可能性。将木胎漆碗用在茶道上，明清时期比较流行，可能是因为饮茶方式的不同造成。

汉代　黑陶茧式壶

高32厘米。此件黑陶由于器身形状如蚕茧，因而称之为茧式壶。此件黑陶以分段拉胚成型，由颈至口缘、圈足及两个半椭圆四个部分组合而成。在器身上共有十二等距的三凹弦线并列成纹饰。此器制作成型后，在器胎半干时，以滑面工具在器身打磨使其平整光亮，经闷烧后，会变成表面光滑的黑陶。由于器身形状如蚕茧，因而称之为茧式壶。此类型的壶在战国至西汉的墓中较常见。图中器身的铭识是乾隆五十四年所加，记宋、元文人取古陶壶以养花的道理。

西汉　漆碗

直径26.5厘米。

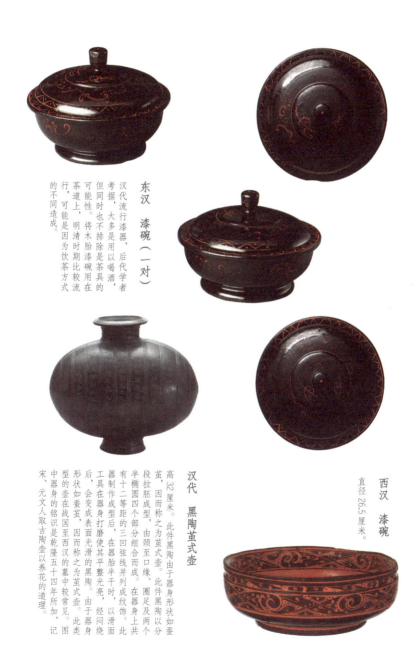

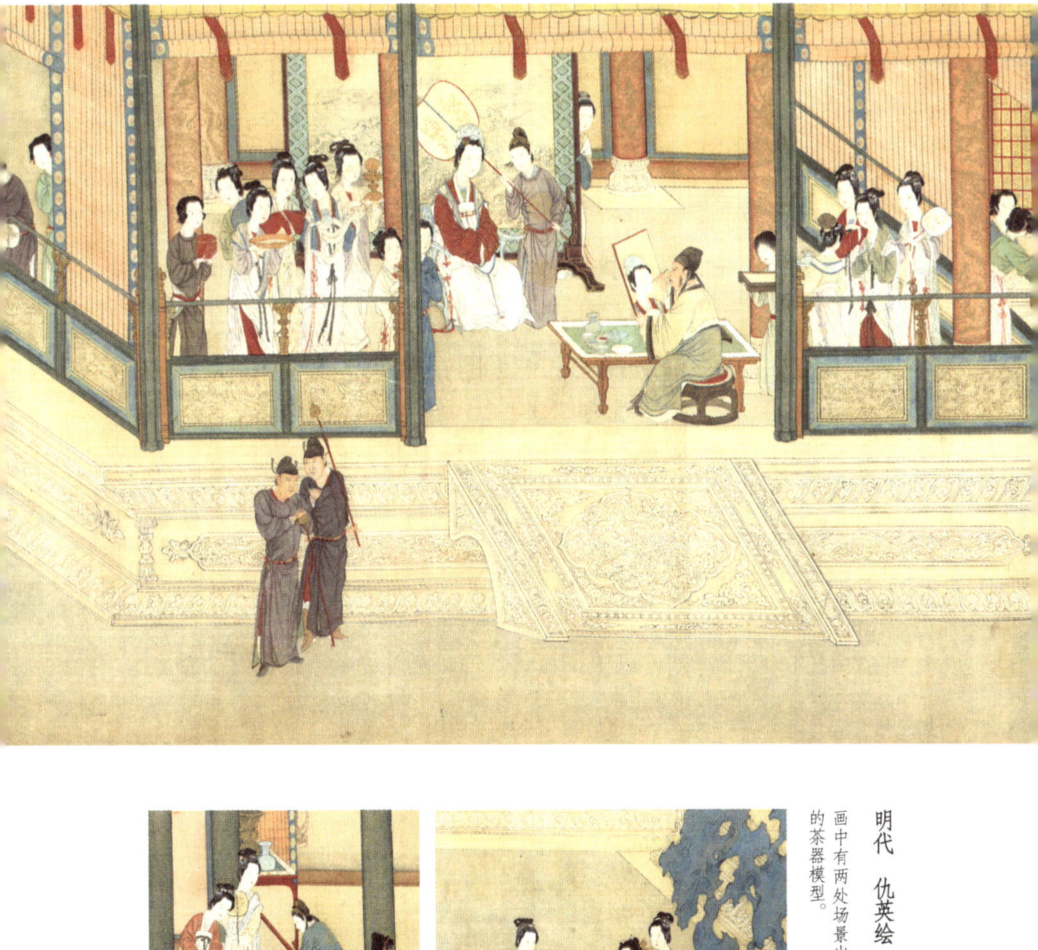

明代　仇英绘《汉宫春晓图》（局部）

画中有两处场景出现了茶具，这是宋明时期的茶器模型。

得贤臣赋》《洞箫赋》等传世之作。汉宣帝神爵三年（公元前 59 年）正月，王褒去成都应试，暂住在一位叫杨惠的寡妇家中。杨惠的前夫与王褒是多年的挚友，俩人相交甚密，杨惠本人也对王褒的才气非常钦佩。看到王褒上门，杨惠倍感高兴，马上备下酒席，命家僮便了上街买酒。酒买回来之后，杨惠与王褒回忆旧事，举杯对饮，不觉饮得壶中酒尽。王褒正喝到兴头上，就让便了再去集市上买。便了对王褒喝酒时的轻佻之言早已反感，根本不予理睬，最后在杨惠的指责声中才不得不将酒买回。便了怀着满腹的怨气斟酒，看着杨惠与王褒二人直喝到太阳西沉，醉卧不起，然后费了好大的力气才将二人安顿妥当。第二天酒醒之后，王褒又要酒喝。便了忍无可忍，一口气跑到杨惠亡夫的坟前，大声哭诉起来，声称主人买了自己是为看守家里，不是为了给其他男人买酒。王褒听了很是生气，跟杨惠商量要将这个恶僮买去。便了不能违抗主人的命令，只能要求王褒将买他回去后要做的事情都写清楚，否则坚决不干。王褒觉得这事非常有趣，便以游戏的心态写下了

西汉 玉耳杯

图中的玉耳杯是汉代漆器耳杯的觞青玉器。耳杯又称羽觞杯，呈椭圆形，带双耳。

洋洋洒洒的《僮约》，列举了便了应做的种种杂役，直写到便了讨饶为止。在《僮约》里，王褒提到了“烹茶尽具”和“武都买茶”，意思是说便了必须经常烹茶，每天将茶具准备齐全，洗涤干净，还要亲自到武阳（今四川彭州市）买茶，供主人享用。王褒在《僮约》里写到买茶纯属无意之举，但就是这信手拈来之句，记录下了茶叶发展过程中的重要一环。从这里可以得知，西汉中期的成都不仅饮茶成风，而且有了固定的专门销售茶叶的茶市。这比美国茶学权威威廉·乌克斯在《茶叶全书》中提出的“五世纪时茶叶渐为商品”“六世纪末茶叶由药用转为饮品”的说法早了500年之多。王褒不经意间留下的一篇小赋，成了中国茶史上一段弥足珍贵的史料。

一纸《僮约》道出了西汉茶风的兴盛，实际上这时的品茗之风已不仅局限于王褒所在的成都。从秦王朝建立之日起，来自巴蜀之地的茶叶、茶种和饮茶之风便沿着水路和陆路一路东进，迅速走向全国，西汉只是它传播过程中的一个点而已。从西汉至唐代，药用功能逐渐淡出的茶叶开始了它的全面扩张时期，至宋代时终于进入了相对成熟的阶段。当然，这种传播的过程也充满了艰辛。

卖水的铺子

王褒的《僮约》标志着中国茶叶商业活动的开始，由此可以断定，至少从那时起，中国就有了经营茶叶的商人。伴随着茶叶种植和饮茶习俗的迅速传播，茶叶商人的数量逐渐增多，分工也日趋细致。大约在晋文帝当政时，专门经营茶水的摊贩开始出现。与此有关的记载出自《广陵耆老传》："晋元帝时，有老姥，每旦独提一器茗，往市鬻之。市人竞买，每旦至夕，其器不减。所得钱散路旁孤贫乞人。人或异之，州法曹縶之狱中。至夜，老姥执所鬻茗器，从狱牖中飞出。"由此可以看出，这位姥姥所卖的已不是采摘的叶子，而是经过烹煮之后，可拿来一饮的茶水。从这个意义上说，这应该是中国最早的茶摊，也是后来遍布集市的茶馆的前身。

茶馆又叫茶肆，另有茶坊、茶屋、茶摊、茶铺和茗铺等名字，具有品茗和交际的双重功能。从晋代那位姥姥开的第一个茶摊开始，它的发展经历了一段艰难的历程。晋至唐期间的漫长岁月里，茶的普及程度还不是很广，茶馆的发展也受到很大的限制，相关记载也鲜见史料提及。到唐代，饮茶之风风行城市乡野，大规模的茶馆才相继涌现。据《封氏闻见录》说，“自邹、齐、沧、棣，渐至京邑，城市多开店铺，煮茶卖之，不问道俗，投钱取饮”。从以上记载可看出，这时茶馆的交际功能还不是很大，品茗解渴是买茶者的主要目的。到北宋时，茶馆的发展进入了一个新的时期，茶肆和酒肆一样，遍布乡野城郭，呈现出一派繁荣的景象。在北宋画家张择端所作的《清明上河图》中，汴河两岸热闹拥挤的街市上就立有无数的酒楼和茶馆。另外，北宋的茶馆在一些文学作

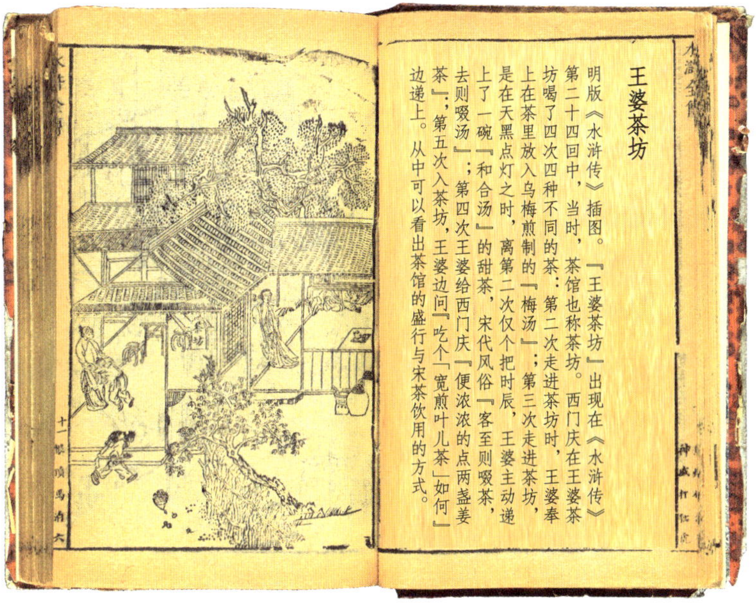

王婆茶坊

明版《水浒传》插图。『王婆茶坊』出现在《水浒传》第二十四回中，当时，茶馆也称茶坊。西门庆在王婆茶坊喝了四次四种不同的茶：第二次走进茶坊时，王婆奉上在茶里放入乌梅煎制的『梅汤』；第三次走进茶坊，是在天黑点灯之时，离第二次仅个把时辰，王婆主动递上了一碗『和合汤』的甜茶，宋代风俗『客至则啜茶，去则啜汤』；第四次王婆给西门庆『便浓浓的点两盏姜茶』；第五次入茶坊，王婆边问『吃个「宽煎叶儿茶」如何』边递上。从中可以看出茶馆的盛行与宋茶饮用的方式。

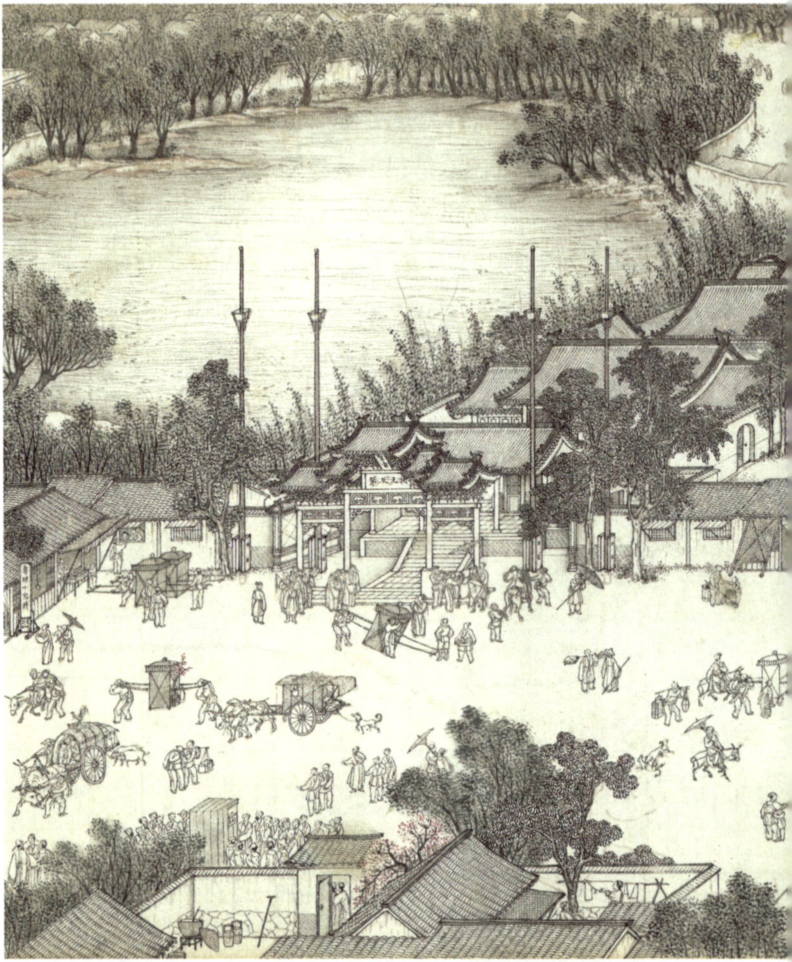

清代　沉源绘《清明上河图》卷（局部）

台北「故宫博物院」藏。图中街边的茶坊写有「玉液琼浆」。茶在中国古代有很多种称谓，但「茶」字是用得最多的名字，也即是其正名。「茶」字在中唐之前一般都写作「荼」字。「荼」字的字义很多，表示茶叶只是其中一项。由于茶叶生产的发展，饮茶的普及程度越来越高，「荼」字的使用频率也越来越高，因此，民间的书写者，为了将荼的意义表达得更加清楚、直观，就把「荼」字减去一画，成了现在我们看到的「茶」字。

品中也有体现，《水浒传》中那个为一点钱财害死武松兄长武大郎，进而落得个身首异处的王婆也开着一处不大的茶馆。北宋灭亡后，偏安江南一隅的南宋虽然失意于军事和政治争斗，商业却依然兴旺。南宋京都临安（今浙江杭州）茶肆云集，竞争激烈。为了招揽顾客，大小茶馆纷纷使出绝招，各种新鲜的手段层出不穷。除吆喝喊叫弹曲唱歌等手段之外，茶馆的经营品种还不时按季节变化调整，如冬天卖七宝擂茶、葱茶等，夏天则卖雪泡梅花茶等。南宋的茶馆里有些还顺便开办器乐培训班，以聚拢人气。另外，一些大型的茶馆为增加收入，还开辟了茶馆的其他功能，或为各行业及各色人等提供聚会方便，或为顾客提供色情服务，因此便有了“花茶坊”或“水茶坊”之分。茶馆经营范围的扩大，吸引了大批茶客光临，“孵茶馆”是那时人们常常挂在口头上的一个专业用语，这个叫法到今天依然被人使用，当作上茶馆的代称。

比起宋代，明清的茶馆更为普及，等级也更为分明。一些大的茶馆甚至可以称得上奢华。张岱的《陶庵梦忆》中曾提到过一家叫“露兄”的茶馆，说它“泉实玉带，茶实兰雪；汤以旋煮，无老汤；器皿时涤，无秽器：其火候、汤候，有天合之者”。“露兄”一词出自宋代米芾的诗句“茶甘露有兄”中，可见这种茶馆的茶品该是难得一见的甘霖。当然，“露兄”级的茶馆在明清毕竟是少数，大众茶馆才是百姓聚集的地方，也更具有茶馆的特性。在清代的北京城，茶馆成了旗人们最常去的地方，为了适应他们的需求，各式各样的茶馆星罗棋布，遍布于大街小巷。这时，对于经常进出茶馆的人们来说，品茗已不是主要目的，茶馆承担了更多的社交义务。这时，茶馆也不只卖茶，它所经营的商品包括瓜果、糕点、馄饨等许多种类，能满足人们的各种需要。茶在这时反而成了附属商品了。

清代 周培春绘《卖茶之图》风俗画。

第二节　茶叶的传播之路

王朦与水厄的故事经常被人提及，北魏宗室彭城王元勰就曾以此嘲讽羡慕饮茶的大臣刘缟，梁武帝萧衍之子西丰侯萧正德更是因不知水厄为何物而遭人耻笑。以水厄代称的茶水成了北方贵族嘲笑南方人士的话柄……

水厄和甘露

茶的传播最初从水路开始，传播的路径是以巴蜀周围为起点，首先沿长江水系走向东南和南部地区，然后再从汉水北上，进入北方。由水路传播的茶叶种植和品茶之风在南方得到了较好的回应，如汉王就曾在江苏宜兴的茗岭招收学童，专门培训种茶技艺，而东汉名士葛玄也在浙江天台山设过“植茶之圃”，可见植茶在当时成为一件很雅的事情。相对而言，北方对茶的认同度要低很多，南方的名士乃至平民百姓把饮茶当作享受时，北方的贵族仍然把它视为一种药物，迟迟不肯接受。这种不同的观念在南北政治融合的时代不断碰撞，产生了许多与茶有关的典故，王濛与水厄的故事就是其中之一。

王濛是东晋初年人，曾任过中书郎、左长史等官职。他不仅

南朝　洪州窑带托茶碗

杯：高 5.4 厘米，直径 10.3 厘米；托：高 3.5 厘米，直径 15.1 厘米。

明代　佚名绘《白莲社图》（局部）

旧传李公麟绘。图为东晋高僧释慧远在庐山东林寺与当时的名流结『白莲社』的情景。我们特从中取出喝茶的场景，与南朝流传下的茶具实物相互印证，从图中可以看出，茶碗无托，但碗形有所相似。不过，此图是明代人所绘，茶器有所偏差，亦是常理。

官运亨通，长得漂亮，擅长书画艺术，而且嗜茶成癖，是一位真正的雅士。由于自认为茶是天下最美的饮品，王濛便经常请人喝茶，且必须喝尽。东晋的大臣中有不少是从北方南迁的士族，根本不懂茶的滋味，只觉得茶的苦涩实在难以忍受，可碍于情面又不得不喝，到王濛家喝茶一时成了痛苦的代名词。有一天，又有一个北方官员要到王濛家中办事，临出门时与朋友谈及王濛待客的风格，不由感叹道："今天又有水厄了。"水厄一词由此而生。"水厄"从字面上理解就是因水而生的厄运，用这话指责热情好客的王濛实在刻薄了些。后来，水厄成了茶的一个贬称，一直流传下来，王濛的委屈便只能留在心中了。

之后，王濛与水厄的故事经常被人提及，北魏宗室彭城王元勰就曾以此嘲讽羡慕饮茶习俗的大臣刘缟，梁武帝萧衍之子西丰侯萧正德更是因不知水厄为何物而遭人耻笑。以水厄代称的茶水成了北方贵族嘲笑南方人士的话柄，这种现象直到南朝宋武帝时才得以改变。《宋录》上说，有一次新安王刘子鸾与豫章王刘子尚一同拜访八公山上的昙济道长，昙济以山上的茗茶待客，两位王子饮后赞不绝口，连连说道："这哪里是茶呀，明明是甘露啊。"看来这两位王子是品尝过"水厄"的，要不然也不会说出"此"茶与"彼"茶的不同之处。只是一样的"水厄"却偏偏品出了异样的滋味，这除了口味上的偏好，茶的品质的变化恐怕才是最大的因素。

昙济的茗茶可以加上一个香字了，被刘氏兄弟称赞过的口感更好的香茗的出现，终于让视茶为"厄"的北方人士可以小心地浅尝一次了。

文成公主的贡献

当巴蜀的茶叶沿着长江南下的同时，茶的陆路传播也在悄悄地进行。事实上秦灭掉巴蜀后，进入秦地的茶叶就是走的陆路，从秦国扩散到周围国家的茶叶也大多是从陆路传入，只是这种传播规模较小，没有造成大的声势。直到饮茶之风由南方传入北方，并被上层人士广泛接受的唐代，茶的陆路传播才显现出了生机与活力，中国茶业的第一个高峰也就由此到来。

这时，茶叶的种植和饮用开始向周边国家扩散。盛唐时期，唐王朝与周边各国的交往非常密切，饮茶的习俗也因此得以传向各国。“回纥入朝，始驱马市茶”是当时西部的少数民族嗜茶买

清代　金农绘《玉川先生煮茶图》

图中的玉川先生指的是唐代卢仝，与陆羽齐名，著有诗作《走笔谢孟谏议寄新茶》，人称『玉川茶歌』。图中玉川先生所用茶具，可与唐代流传下的实物茶具相互印证。

唐代 茶具

唐代饮的是饼茶，饮用时需经过炙、碾、罗三道工序。因为茶饼在存放中会吸潮，烤干了才能逼出茶香，炙时就要用夹子夹住饼茶，尽量靠近炉火，时时翻转，到水汽烤干为止。烤干后，用碾将饼茶碾碎，将碎茶末用筛子过罗后才能煮用。唐代茶具主要有碗、瓯（中唐时期一种体积较小的茶盏）、执壶、杯、釜、罐、盏、盏托、茶碾等。据唐文学家皮日休《茶具十咏》的记载，茶具种类有『茶坞、茶人、茶笋、茶籯（yíng）、茶舍、茶灶、茶焙、茶鼎、茶瓯、煮茶』。其中『茶坞』是指种茶的凹地，『茶人』指采茶者。这些已经不单纯是茶具了。皮日休此处已经不单指茶壶、茶杯，他所说的茶具包括了采茶、制茶、贮茶、饮茶等所有环节。宋朝的《茶具图赞》列出了十二种茶具。明太祖第十七子朱权所著的《茶谱》中列出十种茶具，即茶炉、茶灶、茶磨、茶碾、茶罗、茶架、茶匙、茶筅、茶瓯、茶瓶。茶具随着饮茶方式的改变也在变化，明代以后逐渐成为现在的样子。

白釉盏

直径 10.8 厘米。

花鸟釉茶碗

直径 14 厘米。

琉璃釉茶碗

直径 4.4厘米 ×15.2厘米。

五代　茶碗

直径 27厘米。

越窑青釉横把壶

中国茶叶博物馆藏。

茶的真实写照，由回国复命的各国使节、唐朝派出的各种团体及经商贸易的商队组成的队伍带着茶叶上路远行，成为当时长安城外一道独特的风景。在这些远行的人群中，有一个女性的名字绝对不能不提，她就是唐太宗时入藏和亲的文成公主。

文成公主所处的时代正是唐王朝立国初期，当时，唐太宗李世民先后击败了东突厥和西南的吐谷浑，打通了西域的通道，对周边各国震动极大，纷纷派使节前来和唐朝交往，远在西南的吐蕃赞普松赞干布也将使者派到了长安。唐太宗热情地接待了吐蕃使者，并立即派人回访吐蕃，表达了愿意结交的诚意。两年之后，对唐朝文化颇有好感的松赞干布又派人来到长安，正式向唐王朝提了和亲的要求，唐太宗认为吐蕃是一个蛮夷之国，因此没有立即答应。吐蕃使者回去后，不敢对松赞干布直说，便称唐太宗本来已答应求亲，只是因为吐谷浑王也去求亲，才把这事耽搁了。吐蕃和吐谷浑两国素来不和，现在吐谷浑国王在求亲这件事上又来捣乱，让松赞干布非常生气，于是马上出动20万人马进攻吐谷浑，将吐谷浑国的军队赶到了环海一带。接着，松赞干布乘胜打到唐朝境内的松州（今四川松潘），大败当地的唐朝军队。连续的胜利让松赞干布有些得意忘形，声称如果不把公主嫁给他，就带兵打到长安。唐太宗听到这话非常生气，马上派大将侯君集带兵出征，反击吐蕃。唐朝大军的到来让吐蕃将士格外恐慌，纷纷向松赞干布进言，要他向唐朝求和，松赞干布见唐军来势凶猛，知道打下去肯定要失败，就向唐朝求和，双方于是收兵回国，唐朝的西南边境又趋于安宁。

回到吐蕃以后，松赞干布与唐朝结亲的念头仍然不消，又过

西藏布达拉宫壁画　文成公主入藏图

此图反映的是641年，唐送文成公主入藏和亲的事件。

了一段时间，他备下厚礼，再派使者到长安求亲。这次唐太宗从国家安宁的角度考虑，答应将24岁的文成公主嫁给松赞干布，以示唐朝对吐蕃的友好。641年，文成公主带着包括茶叶、谷物、果品及蔬菜种子在内的丰富嫁妆，在江夏王李道宗的护送下向吐蕃进发。松赞干布亲自从逻些（今西藏拉萨）赶到柏海（今青海鄂陵湖或札陵湖）迎接文成公主一行，并在那里和文成公主举行了隆重的婚礼。婚礼结束后，文成公主随松赞干布来到逻些城，住入了专门为她建造的一座仿唐风格的宫殿。

文成公主在吐蕃生活了40年，许多原来吐蕃没有的植物因她的到来而在这里扎下了根，茶叶的种植和饮用也由此被吐蕃人接受。由于吐蕃人的食物以肉类和乳品居多，而饮茶恰有止渴生津、解油腻、助消化之功能，所以很受僧侣和贵族的欢迎，逐渐形成了独特的饮茶习俗。文成公主将茶叶带到吐蕃，对当地的饮食习惯影响颇深，她使藏人成为“宁可三日无油盐，不可一日不喝茶”的民族。

携茶渡海的禅师

就在文成公主携茶入藏的唐代，以茶叶制作和品茗为标志的中国茶文化逐渐形成，使品茗饮茶成为人们崇尚的一项高雅活动。这时，从南北朝就开始的向域外输出茶叶的商贸行为也因文化的渗入而被更多的地区和人士接受，越来越多的人为此加入了将中国的茶叶介绍到世界各地的工作当中。这中间也不乏并非以营利为目的的域外文化交流使者，来自日本的最澄就是这样一位将茶文化传播到域外去的著名禅师。

最澄禅师生于767年，俗姓三津首，12岁时随近江国分寺的行表出家，19岁在东大寺受具足戒。后独自上比睿山修行，成为

日本江户时代天目茶杯和包装盒

20.5厘米×18.1厘米。在日本荣西禅师入宋之前，留学僧南浦绍明将中国的径山茶宴带回日本，成为日本茶道的起源。《类聚名物考》记载：『茶宴之起，正元年中（1259年），驻前国崇福寺开山南浦绍明，入唐时宋世也，到径山寺谒虚堂，而传其法而皈。』径山寺位于杭州城西北约五十公里处，初建于唐代，南宋时规模庞大，有僧一千七百余。径山寺茶宴在南宋时非常讲究，包括张茶榜、击茶鼓、恭请入堂、上香礼佛、煎汤点茶、行盏分茶、说偈吃茶、谢茶退堂等十多道仪式程序。中国径山茶宴进入日本之后，日本根据自己的民族特点，进一步发展成日本茶道。最著名的是千宗旦之子所创设的三个流派，即表千家流的不审庵、里千家流的今日庵以及武者小路千家流的官休庵，合称三千家。

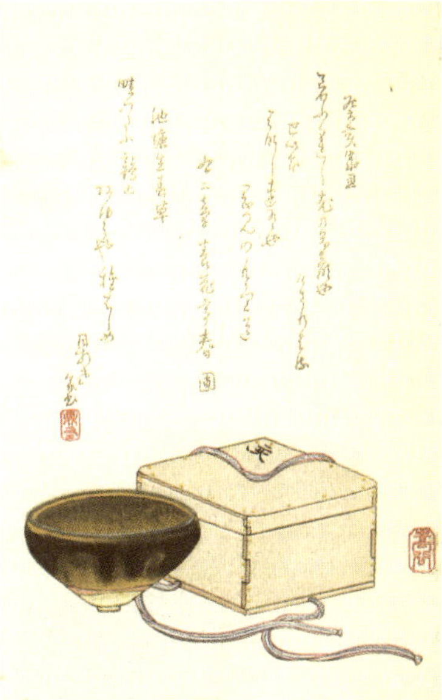

日本中林千景绘《煎茶图》

196厘米×68.26厘米。图中的茶具与中国唐宋时相差无几，说明日本的茶道受中国影响极大。我们可以将图中茶具与日本实物茶具相对照，去寻找其中的差距。

日本茶具图

茶具，古代亦称茶器或茗器，泛指制茶、饮茶使用的器具。值得提出来的是，古代茶具不单指茶壶、茶杯，而是指所有泡茶过程中必备的器具，包括制茶、贮茶、饮茶等工具。日本茶具更为复杂，除了茶釜、茶入（插花瓶）和茶碗，还有挂轴、花入、香盒、风炉、炭斗、火箸、釜垫、灰器（盛灰的）等物。还有点茶所用薄茶盒、茶勺、茶刷、清水罐、水注（就是带嘴儿的水壶）、水勺、水勺筒、釜盖承、污水罐、茶巾、绢巾、茶具架等，林林总总数十种，涉及陶器、漆器、瓷器、竹器、木器、金属器皿等。我们特选取一组日本茶具图供大家欣赏。

天目茶碗

日本濑户时代（18世纪）。高12.1厘米。

茶叶罐

江户时代，7.6厘米×5.4厘米。

『铁槌』濑户黑茶碗

日本桃山时代。9.3厘米 ×12厘米。

水注

日本桃山时代。20.64厘米×18.73厘米 ×17.78厘米。水注为茶道所用的冷水罐。

建水

陶瓷，日本桃山时代。27.31 厘米 ×26.04 厘米 ×24.45 厘米。

建水是茶道盛水用的容器。

水差

日本江户时代。11.4厘米×11.4厘米。茶道中用来盛放淡水冲洗茶碗或装满水壶的容器。

茶碗和茶刷

日本，3.3厘米×3.3厘米×2.6厘米。

当时日本最著名的禅师之一。804 年，最澄随日本遣唐使团乘船来到中国，在中国诸多名寺中研究佛学，同时也品尝到了各寺收藏的茗中珍品。回国时，最澄除了带走大量的佛学经典著作，还带走了许多珍稀的茶叶种子，并把它们种植在了日本的滋贺县。815 年，日本嵯峨天皇到滋贺县梵释寺，寺僧便献上来自中国的茶水。天皇饮后非常高兴，便建议大力推广饮茶，中国的茶叶借此迅速传播到日本的中部和南部。

最澄将茶叶的种植之术首先带到了日本，打下了日本种植茶叶的基础，但真正使茶文化在日本生根且发扬光大的是另一位叫荣西的日本禅师。1168 年的南宋时期，身为日本临济宗鼻祖的荣西禅师在遣唐使已中断三百年后，历尽艰辛二度远赴中国求经，在归国时带回了新的茶种与栽培方法，并移植成功。

荣西禅师是一位真正的茗中高手，他根据中国寺院的饮茶方法，制定了日本的饮茶仪式，奠定了日本茶道的基础。荣西禅师晚年著有《吃茶养生记》一书，该书被称为日本第一部茶书，书中称茶是“圣药”“万灵长寿剂”，这在很大程度上加快了饮茶习惯在日本的推广。如中国的陆羽一样，荣西被尊为日本的茶祖。最澄和荣西都是茶缘颇深的域外名人，他们将茶的种植和饮用方法带回国内时，其实就是对中国茶文化的传播。除他们之外，宋代定居在福建泉州的阿拉伯人和明代末期进入中国海域的欧洲人也都在不同的时代将茶叶从海上运出，输入了欧洲各国，他们共同构筑了茶叶传播的海上通道。

驼峰上的故事

除以上路线外，中国茶叶还有一条重要的传播之路，那就是通向西北的茶道。大约从唐朝开始，以茶马贸易为主的边贸互市就开始在西北地区兴起，之后历经宋、元、明、清数个朝代，规模越来越大，培养起了一个庞大的茶叶生产和消费市场。茶马互市的兴盛时期在唐朝和宋朝，明朝以后相对落后一些。但光从茶叶的输出量上来说，明清的茶叶输出数量不仅不比唐宋少，而且还有了很大的增长，其中主要的原因在于明清，特别是清代的私营茶叶商人开始占据了茶叶输出的主导地位，从而使茶叶的贩运更为自由，也涌现出了许许多多的茶叶商人。

山西的大盛魁商号是明清之际最为著名的商队之一，也是茶叶通向西北部的主要传播者。

大盛魁是由三个小贩创办起来的一个大型商号，他们分别是山西太谷县的王相卿和祁县的史大学、张杰。康熙年间，清政府在西部进行了一场规模较大的战争，即平定准噶尔部噶尔丹叛乱的战事。在这场战争中，由于军队深入漠北，后勤供给困难，便特意准许商人随军贸易。在随军贸易的队伍中，王相卿、史大学和张杰属于最不起眼的小商人，他们开始只是三个帮厨的杂役，做小商贩都是偶尔为之，根本引不起人们的注意。这三人虽然资本较少，业务也不大，但买卖公道，服务周到，所以生意十分兴隆。清兵平叛成功后，主力部队移驻大青山，山西右玉的杀虎口便成了部队供应给养的必经之路。在杀虎口盘旋数日，王相卿等人觉得这是一个非常不错的商机，便在此合伙开了个商号，称吉盛堂。经过几番折腾，吉盛堂实力日渐增长，最终从杀虎口走出，发展成了归化城里的大盛魁。

对蒙贸易是大盛魁壮大之后的主要业务，因此又有“旅蒙商”的称谓。大盛魁的经营商品“上至绸缎，下至葱蒜”，几乎无所不包，服务对象则“上至蒙古贵族，下至草原牧民”，无所不及。大盛魁商号极盛时，几乎垄断了蒙古牧区市场，他们从归化及全国各地贩运商品，再以庞大驼队运抵蒙古，从中谋取利润。仰仗强大的实力，大盛魁的经营办法与其他商号略有不同，他们规定凡买大宗货物 300 银两以下的，必须现银交易，而且概不讲价。如果遇到以欺骗手段进行交易的客户，大盛魁的做法就是永不再与之共事。对于一般手工业品的订货，大盛魁遵循不轻易改变供货工户的做法，从而保证了商品质量的稳定。大盛魁的经营方法

兔毫盏

6.4 厘米 ×19.1 厘米。此盏是美国人 Charles Fergus Binns（出生于英国，1857—1934 年）仿制中国宋代兔毫盏所制，可见中国茶道在世界上的影响巨大。

明末　景德镇窑青花鹿马山水茶盘

高5.3厘米。此茶盘是当时日本顾客委托制作，所以形似日本的富士山。

十分有特点，他们一般招收的店员大多来自乌里雅苏台和科布多。当这些店员在柜上学过三年的业务和蒙语后，就会被组成小组派到蒙古。小组人员一般为两名，一名店员，另雇一名蒙民，两人骑着骆驼，带着茶叶、生烟、洋布等货物，追着蒙古包的足迹到处推销，把货物直接送到人们的手中。在夏天，雇员们卖了货物后会折换成羊回国内销售，冬天则折换成皮毛。在当时，蒙古及俄国西伯利亚一带的居民以肉食为主，为帮助消化，都把饮茶当作了生活中一项必不可少的内容，因此，在大盛魁的对外贸易中，茶叶一直是主要的商品。早期，大盛魁和其他山西茶商的茶叶都来自福建武夷山。清咸丰年间，太平天国运动开始，福建的茶路被阻断，商人们交付不了与俄商们预约的货物，便另在湖南和湖北找到了新的茶源。为了便于茶叶运输，商人们开始把茶的叶熏蒸后压制成砖型，是为砖茶，这种茶受到了俄国商人的热烈欢迎。大盛魁装砖茶的箱子大小是固定的，一箱装 36 块的，名为三六茶，专销张家口旅蒙商。一箱装 24 块的，名为二四茶，专销归化（今呼和浩特）、包头等地，乌里雅苏台、科布多等地蒙民最喜欢喝。另外还有一种一箱装 39 块的三九砖茶，占大盛魁所销砖茶的多数，这种茶每年运往蒙古、乌、科等地就有约 4000 箱，每箱值银十二三两，总值达五万银两左右。

大盛魁商号实行的是股份制，蒙古的许多王公贵族都是它的债权人。大盛魁有一套很特别的分红办法，他们每三年分红一次，分红时除了银股、身股，还专门另设财神股和狗股。关于财神股，有这样一个传说。据说大盛魁初创时，营业很不顺利，一次大年三十，王相卿、史大学和张杰三人穷得连锅都揭不开了，只能喝些米汤过年。就在这时，一位身穿蒙古袍、背着一个包裹的壮汉进了家门，向他们要饭充饥。三人见壮汉饥渴难挨，便热情接待，把仅有的一点米汤给了壮汉。壮汉喝完米汤后出门便走，包裹却留了下来。王相卿等三人打开包裹一看，发现里边是一包白银。之后虽多次查访，壮汉却杳无音讯。他们便把那些银子作为商号资本投入了商号的经营当中，很快赚得了一大笔钱，使商号得以存活。大盛魁的实力壮大后，王相卿等三人认为那银子是财神变化送的，便把原来那位壮汉包裹里的银数留下来，作为财神股，把此股所分红利记入“万金账”，作为护本。另外，为了纪念他们创业时过大年喝米汤的日子，规定每年正月初一商号要喝一顿米汤。

关于狗股，也有一个故事，说是有一次库伦发生灾情，粮价飞涨，库伦分号为了把这一情况报告总号，就让一只狗带信到归化，当总号收到狗带来的信后，立即大购粮食，囤积居奇，结果获得了巨额利润。于是，狗也成了大盛魁的功臣。

狗股的传说还有一个版本，是说某年的一天，大盛魁商号的一位经理在经商的途中病倒，随行的只有一只善解人意的大狗。看到主人生病，这只狗立刻返回总号报信，救了这位经理的性命。为表示对狗忠诚的奖赏，此后分红时，便给狗也分了股份。

大盛魁最兴盛的时候有员工六七千人，有骆驼二万多峰，资本之雄厚很难有人能及，称得上是清代对蒙贸易的最大商号。其活动地区包括喀尔喀四大部、科布多、乌里雅苏台、库伦（今乌兰巴托）、恰克图、内蒙古自治区、新疆乌鲁木齐、库车、伊犁和俄国西伯利亚、莫斯科等地。据称，若把大盛魁的资产折算成

五十两重的银元宝铺一条大道，能够从库伦一直铺到北京。

到清朝末年，沙俄对中国领土的侵吞日盛，双方关系的对立愈演愈烈，大盛魁的营业开始受到影响，逐渐显现出萧条的迹象。后来，俄国革命成功，蒙古国独立，大盛魁又丧失了在这两个地方的商业资本和商业市场。与此同时，大盛魁内部也发生了一些问题，挥霍浪费、侵吞号款的事件屡有发生，使商号经济和信誉都受到了严重损害。1929 年，历经风雨的大盛魁商号终于宣告倒闭，结束了它雄踞北方 200 多年的历史。

第三节　茶与茶文化

中国的茶叶有着数千年的历史，制茶饮茶文化的形成也超过了一千年。伴随着茶文化的发展与兴盛，许多茶叶也会被自觉不自觉地附上优雅的茶名和诱人的传说故事，以吸引人们的注意……

碧螺姑娘和碧螺春

中国的茶叶有了数千年的历史，制茶饮茶文化的形成也超过了一千年。伴随着茶文化的发展与兴盛，许多茶叶也会被自觉不自觉地附上优雅的茶名和诱人的传说故事，以吸引人们的注意。有“吓煞人香”之美誉的碧螺春就是这样一种名字与故事俱佳的茗中精品。

碧螺春的传说与一位叫碧螺的美丽的姑娘有关。相传在很久很久以前的一个夏天，住在太湖西洞庭山上的碧螺姑娘与一位叫阿祥的小伙子相爱了，并商定要在秋后结婚。阿祥是个勤快的青

茶铺

经营茶业的商号，也指茶馆。从图中我们可以看出，铺里卖的是当地产的绿茶，图中有『鲍仁太号毛尖旗枪龙井细茶铺』的字样。

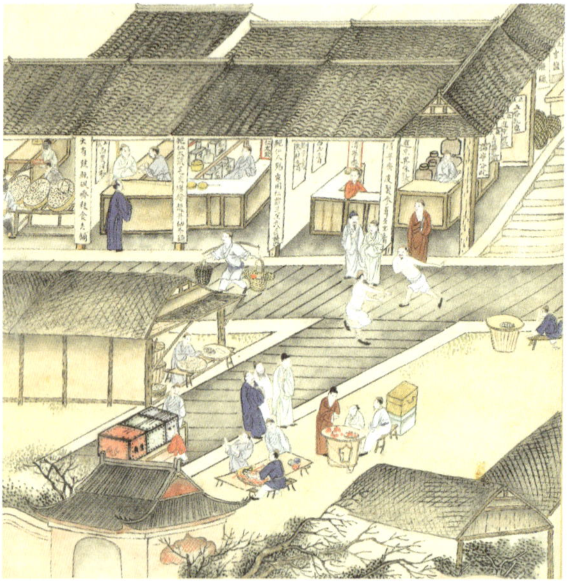

茶馆

两晋时便有了茶馆，还有茶楼、茶肆、茶坊、茶寮、茶社、茶室等称呼。图中的茶馆有『上元馆』的字样。在苏州城的茶馆喝茶，客人喜欢用取自胥门外的青江水，还有的茶馆说自己所用水为『天落水』，也就是每年五月黄梅季节收蓄的雨水。

清代　苏州的茶文化

碧螺春是绿茶类，产于苏州，为中国十大名茶之一。明清之际，苏州府城是当时全国最大的交易市场，茶产业是其中很大的一部分。我们特从清代绘本《苏州市景商业图册》选出一组反映苏州茶文化的图像，用以说明苏州茶文化的昌盛与繁荣，体现清代诗人沈朝初在《忆江南》中所写：『苏州好，茶社最清幽，阳羡时壶烹绿雪，松江眉饼炙鸡油，花草满街头。』

茶摊

茶摊没有固定的场所，一般都在路口街边，是季节性的、流动式的经营。南北朝的志怪小说《广陵耆老传》便有茶摊的记载。图中的茶摊摆在戏台边上。

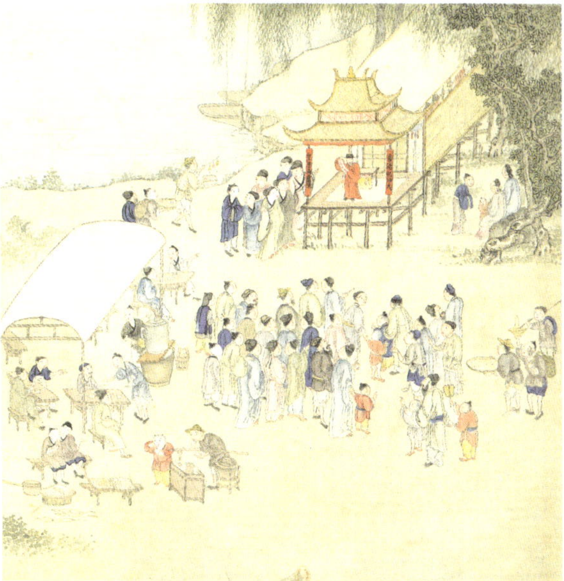

卖茶人

街头巷尾的卖茶者，担子里备有茶炉、茶壶、茶碗和茶盏等饮茶用具。

明代　嘉靖款茶钟

霁青平足撇口。茶钟亦为茶杯。明海瑞《兴革条例·工属》记载：『茶钟十二个，大白盘十个。』

年，他每天打的鱼比谁都多，是太湖上最让人钦佩的渔夫。为了给心上人送一件最好的礼物，阿祥走遍了太湖畔，却一直没有找到。有一天，他忽然听说太湖底有一颗很大的珍珠，夜里能发出明亮的光芒，便悄悄带着鱼叉潜入湖底。在湖中最深的地方，阿祥终于找到了那颗珍珠。他刚把珠子带出水面，一条恶龙便追了出来。恶龙说那珠子是他的，让阿祥马上还给他。得到珍珠后，恶龙还不愿走开，扬言碧螺姑娘也是他的，说马上就要去碧螺家抢亲。阿祥忍无可忍，决心与恶龙决一死战。他操起鱼叉，同恶龙搏斗了七天七夜，一直从湖面打到山上，才杀死了恶龙，他自己也倒在了血泊之中。

碧螺姑娘把阿祥救回了家中，为了医治好阿祥的伤，她每天都要上山采药，可阿祥的伤总不见好转。一天采药时，碧螺不小心被一棵茶树划伤了胸口，流出的鲜血溅到了树枝上面。第二天早晨，碧螺上山时发现茶树的枝条上开出了只有在春天才可见到的嫩芽。碧螺采摘了一把嫩梢，回家泡给阿祥喝。说也奇怪，阿祥喝了这茶，病情居然见好了。可是，茶树上的嫩芽很快就被摘光了，阿祥还没能从床上坐起来。于是，碧螺再次将胸口划破，让茶树再次结出嫩芽。阿祥终于得救了。正当他想要与悉心照料自己的姑娘结成连理时，碧螺却再也支撑不住，轻轻倒在阿祥怀里，再也睁不开眼睛。

阿祥悲痛欲绝，就把碧螺埋在洞庭山的茶树旁。第二年的春天，这株神奇的茶树又发出了嫩绿的树芽，用这些树芽做成的茶叶馨香可口，让人饮后终生难忘。为了纪念碧螺姑娘，人们就把这种名贵茶叶取名为“碧螺春”。

据说碧螺春的制作非常独特，采摘后不用火焙，将其包好置于女子胸脯之上焙干者为最上品。有一年采摘碧螺春时，一群姑娘采得筐里装不下了，便顺手将采来的嫩芽放在了怀里，不想一会的工夫，怀里便散发出浓烈的香味，引得姑娘们惊呼“吓煞人香”。“吓煞人香”的名字由此而来。

禅房的白莲花

以巍峨奇险而取胜的安徽黄山有“天下第一奇山”之美誉，生长在这座名山上的毛峰茶也同样名扬天下。围绕着黄山毛峰这一茶中珍品，也有一则十分有趣的故事。

传说在明朝天启年间的某一天，新任江南黟县令的熊开元带书童来黄山春游，因沉醉于黄山的山水美景之中，二人不觉偏离了正常的路线，很快就迷失在了群山之中。就在他们苦苦寻找出山的路口时，一位斜挎竹篓的老和尚出现在了眼前。这位老和尚是山中一座寺院的长老，他把熊开元及书童带回寺中歇息，并以香茶招待来客。当长老为他们泡茶时，熊开元忽然发现这茶与他平时见到的茶叶大不相同，它的颜色微黄，形状像鸟雀的舌尖，

明代　仇英绘《写经换茶图》（局部）

美国克利夫兰美术馆藏。图中所讲的是元代画家赵孟頫写《心经》与朋友中峰明本禅师换茶的故事。图中赵孟頫身侧的侍童手上捧着似为茶包的物件走过来，而较远的地方，有侍童正蹲着煮水。中峰明本禅师为元朝僧人，西天目山住持，南宋仁宗曾赐号『广慧禅师』，并赐谥『普应国师』。

明代　钱谷绘《惠山煮泉图》

66.6厘米×33.1厘米。图中的一僧四俗喝茶论经，两人手中捧茶，茶碗无托。一个童子正在井边汲水，边上有两个童子正在树下烹茶。

“舌尖”上披着淡淡的白毫，沸水冲泡下去，只见热气绕碗边转了一圈，转到碗中心后直线升腾一尺多高，然后在空中转一圆圈，化成一朵白色的莲花。接着，那白莲花又慢慢上升化成一团云雾，最后散成一缕缕热气飘荡开来，这时茶的幽香已散满禅房。熊开元小心地端起茶盅，慢慢品上一口，顿觉清香无比。饮过茶后，熊开元特意向长老请教，才知道这茶叫黄山毛峰。第二天下山时，长老特地赠送给熊开元毛峰茶一包，同时用一葫芦灌满黄山泉水，嘱咐他一定要用此泉水冲泡，否则就不能出现白莲升腾的奇景。熊开元带茶回到县衙，恰遇在太平任知县的一位同窗好友来访，便将冲泡黄山毛峰表演了一番。目睹了黄山毛峰的神奇之后，太平知县甚是惊喜，马上向熊开元要了一些，然后到京城禀奏皇上，想献仙茶邀功请赏。皇上令太平知县携茶进宫表演，太平知县按照熊开元泡茶的方法认真冲泡一回，却始终不见白莲升腾。皇上大怒，欲以欺君之罪责罚，太平知县只得说出此茶乃黟县知县熊开元所献。皇上立即传令让熊开元进京，熊开元进宫后才知道太平知县泡茶所用的只是普通的泉水，便讲明原因，请求回黄山取水。得到皇上的允许后，熊知县再次来到黄山，向长老讨得黄山泉水，带回京城表演。

在皇上和一干大臣面前，熊开元如法炮制，白莲升腾的奇观再次出现，使皇上惊喜异常。高兴之余，皇上传下圣旨，将熊开元提升为江南巡抚，让他在三日后上任。熊开元目睹了黄山毛峰择水才香的清高品质后，心中顿悟，再也不想在官场上苟且偷安，于是脱掉官服，来到黄山云谷寺做起了品茗论禅的和尚，并取法名为正志。

清代 梅清绘《黄山十景册》

《黄山十景册》共十开，遴选黄山光明顶、鹤益松、炼丹台、云门峰、狮子林、鸣弦泉、百步云梯、汤泉、莲花峰、文殊台十处景致，精心绘制而成。

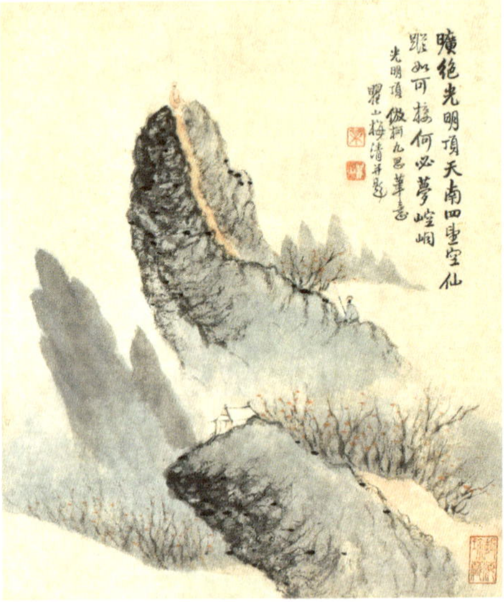

1. 光明顶　2. 鹤益松
3. 炼丹台　4. 云门峰

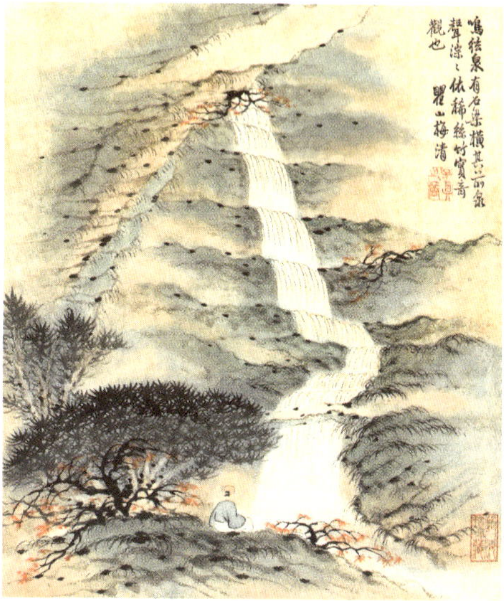

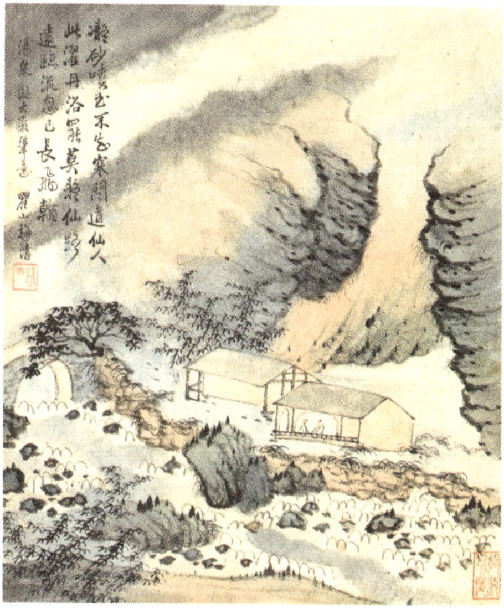

5 | 6
7 | 8

5. 狮子林　6. 鸣弦泉
7. 百步云梯　8. 汤泉

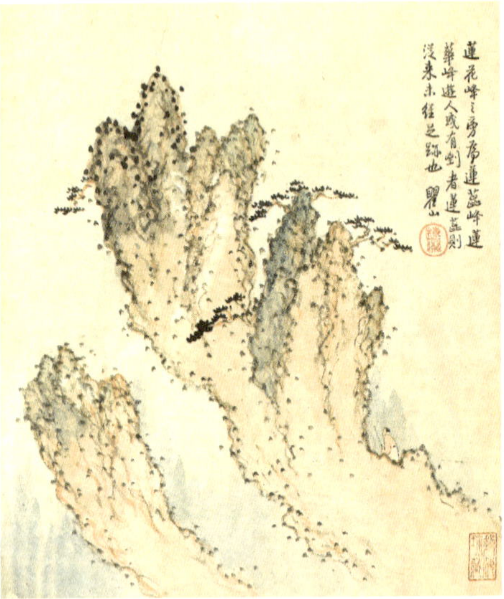

莲花峰

文殊台

让熊开元顿悟禅道的黄山毛峰泡制方法奇特，其采制加工的要求也非常精细苛刻。上等的黄山毛峰必须在清明前后采摘，采摘的标准为一芽一叶初展，俗称“麻雀嘴稍开”，这样的茶叶采下后还要当天烘制，否则便不能保持其鲜度。现在，特级的黄山毛峰已成为全国名茶之一，是众多品茗高手的盏中之物。

湘妃竹和君山银针

君山银针又名枪旗茶，取其形如枪旗之意。君山银针对自然环境的要求极高，所以产量很少，一直被朝廷列为贡品。

君山银针的历史很长，相传在帝舜时期就由娥皇和女英播下了第一粒种子。娥皇和女英都是帝尧的女儿，帝尧晚年时想找一个贤德的继承者，经人推荐找到了舜。为了考验舜的能力和德行，帝舜把娥皇和女英都嫁给了舜，又让他们和当地的百姓一起去劳动。舜带着两个妻子来到历山脚下种地，原先历山的农民经常为了争夺土地闹得不可开交，舜去了以后就互相谦让，互帮互敬，生产一下子就搞了上去。舜带着两个妻子到雷泽去捕鱼，原先雷泽的渔民整天都为了争夺房屋大打出手，舜去了以后大家和睦相处，再也没有矛盾发生。舜又去河滨烧制陶器，原先那里的陶工干活敷衍了事，极不认真，舜去了以后大家认真工作，烧制出了许多漂亮的器皿。舜所到之处，人们都会紧紧地跟随，几年就能形成一个城市。舜有一个同父异母的弟弟，名叫象。象忌妒舜的才能，便跟舜的父亲商量着要置舜于死地，父亲也不喜欢这个前妻生的孩子，便答应了象的请求。父亲让舜上粮仓顶上抹顶篷，想在下面点火烧死他。娥皇和女英就让舜上房时带了两个斗笠，火烧起来时便举着斗笠安全地降落下来。过了几天，父亲又让舜去挖井，看舜挖得很深了，就用石头将水井封上，想将舜活埋在井里。得知他们阴谋的舜早早地在井里开了一条斜巷，从那里爬了出来。父亲和象几次伤害舜不成，心里非常害怕，唯恐舜会报复，舜却依然像以前一样对待他们，一点也没有记仇。帝尧见舜这样贤德，而且宽宏大量，便放心地将治理天下的大权交给了他。舜接过王位后精心治国，把各种事情办理得井井有条，深得百姓的爱戴。为了随时了解天下发生的大事，舜在位期间经常出门巡视，最后一次巡视时，舜不幸病死在了苍梧山下。留在家里的娥皇和女英久等不见舜回来，便带上舜喜欢吃的东西一路追来，二人追到湖南的君山时，得知了舜的死讯，娥皇和女英痛哭一场，将所带的东西全都埋在了地下，相拥着投水而亡。

娥皇和女英死后，为君山留下了两个特产，一个是洒满了她们眼泪的湘妃竹，一个便是从她们投水之处生长起来的君山银针。君山银针的采摘要在谷雨前完成，上品为一枪一旗，均由没有开叶的肥嫩芽头制成。同黄山毛峰一样，君山银针对水质的要求也十分苛刻，君山的白鹤泉（即柳毅井）水泡黄翎毛（即银针茶）是最好的搭配。

御赐的红袍

大红袍是福建武夷山岩茶中的精品。在民间传说中，大红袍茶叶泡制的茶水曾经治好了皇后的怪病，因而一举成名，被皇上御封此名。而将此茶带回皇宫为皇后治病的人则是一位被招为驸马的新科状元。

据说这位状元当年进京赶考时，病倒在了武夷山下，山上天心庙的老方丈下山化缘时恰巧遇到了倒在了路旁的考生，就把他带回庙中。在庙里，老方丈见考生面色苍白，体瘦腹胀，便将采自山岩上的茶叶拿出来，冲泡后给考生服下。喝过茶后，这位考生慢慢从昏迷中清醒，只觉得腹胀的感觉全然没有了，人也精神了不少。在庙里住了几天后，考生身体康复，便拜别老方丈，继续赶赴京城，临走时许愿说，如果此次科考得中，一定重返故地，修整庙宇，再塑金身。到了京城后，这位考生凭着一支生花妙笔，得到皇上认可，被钦点为头名状元，不久又与公主配得良缘，成为东床驸马。春风得意之时，状元想起了当初许愿之事，便向皇上提出了还愿的请求。皇上得知实情，封他为钦差大臣，让其择日出京，赴武夷山报恩还愿。状元一行风风光光地离京南下，这一天终于来到了武夷山下，在天心庙前停下脚步。天心庙的老方丈听到外边嘈杂的声音，慌忙出来迎接，他看到所来的钦差就是当初落难的考生，不由惊喜异常。状元进了庙门，首先问起当初所喝之物，问方丈是何种仙药。老方丈据实相告，说那根本不是什么灵丹仙草，只是山岩上生

明代　谢环绘《杏园雅集图》（局部）

图为明代杨士奇、杨荣、杨溥等九位内阁大臣在杨荣府邸杏园聚会的历史画面。因其故事真实可信，所以，我们选取其中绘有茶具的部分，与流传下来的明代茶具相互印证。从图中我们可以看到，童子茶盘里的茶碗都没有茶托，另一童子手上提着提梁壶，应该是倒茶水所用，炉里有执壶，用以保持茶水的热度。

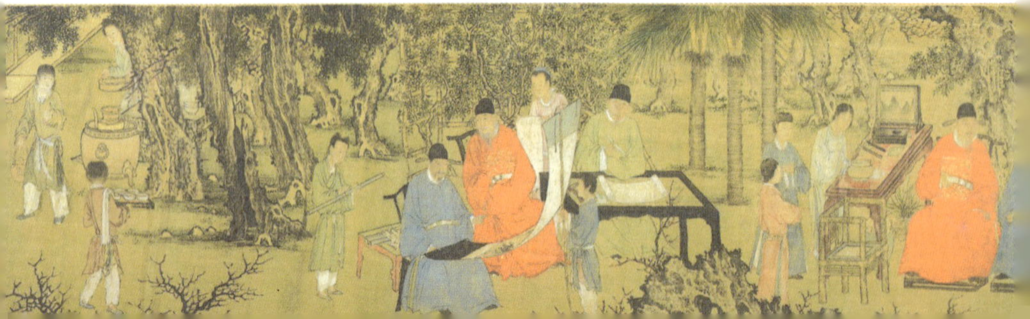

长的茶叶而已。状元听了，便让老方丈带他去看个究竟。老方丈便陪同状元从天心岩南下，绕过怪石嶙峋的山峰，再走过一条幽深的峡谷，终于看到了那三棵救了自己性命的茶树。状元认定这茶树必有神奇，便让老方丈采摘下树上的茶叶，他准备带回皇宫让皇上品尝。

状元来到的时候正是采茶的时节，第二天一早，老方丈就带领庙内大小和尚，披上袈裟，点起香烛，击鼓鸣钟，浩浩荡荡来到茶树所在的地方。他们一边合掌念经，一边不断喊出“茶发芽”的喊声，喊过后才攀上石岩，采下新芽。当天夜里，老方丈找来最好的茶师，将茶叶精心焙好，装入了特制的罐中。几天后，状元留下了重修庙宇的银两，带着大队人马返京。刚进皇城，就听说皇后生病，症状与自己在武夷山下所患一模一样。于是，状元拿出刚刚制好的茶叶，冲开后让皇后服下，一会儿的工夫，皇后便感觉全身清爽，胀气顿消。皇上大喜之下，当即赐红袍一件，命状元亲自去武夷山披在茶树上，以示龙恩。此后，这三株茶树便成了皇家的专用茶树，皇上专门派人看管，采下的茶叶只能进贡朝廷，任何人不得私藏。因为正宗的大红袍茶只从三棵茶树上产出，所以产量极低。有人专门做过统计，被皇上御封的三株大红袍茶树每年仅能产茶7两，这也使它显得比其他的名茶更为珍贵。

甜白暗花莲瓣纹莲子茶钟

明代宣德年间制。胎骨略厚，釉色甜白腴润。圆直口，深弧壁，小圈足，碗心内凹呈尖底状，底微凸，俗称鸡心碗，一般因其碗形颇似莲房，俗又称『莲子碗』。

青花莲瓣纹莲子茶钟

明代永乐年间制。

明代　茶钟

洪武二十四年（1391年），明太祖朱元璋下诏令：『岁贡上供茶，罢造龙团，听茶户惟采芽茶以进。』中国的茶文化进入叶茶时代。明代叶茶为散条形，茶具亦改用茶壶容茶，汤壶（煮水壶）煮沸水冲泡，再注入茶杯饮用。茶杯也有所变化，将唐宋时用以击拂茶末的茶盏、茶碗体量变小，成为茶钟、茶杯。同时，我们也明白，以上绘图中没有盏托茶碗，事实上是体量较小的茶钟或茶杯。我们选一组流传下来的茶钟实物，加以与绘图相互印证。

霁青茶钟

明代嘉靖年间制。碗撇口，小圈足，形似宋代斗笠茶盏，口镶铜扣一圈。通体除底外均施回青釉，釉色浓艳。

青花年年丰登茶钟

明代万历年间制。

青花赤壁赋茶钟

明代，制作年间不明。碗内虽然有『永乐年制』的篆款，但疑为伪造。绘有苏东坡与友人乘舟游赤壁图与诗文。

贰

千年茶人

第一节　帝王与茶

宋徽宗恋茶成痴，可惜的是，他的茗茶雅兴并没能延续多久。就在他于延福宫点茶宴请群臣七年之后，即靖康二年（1127年），盘踞在北方的金人兵临城下，宋徽宗和已接任新皇帝的儿子钦宗都成了金人的俘虏……

以茶代酒的典故

三国时期是我国茶业由西向东传播发展的重要阶段。这时，茶叶的种植和饮用在我国的南北方都已形成规模，茶水不再是受人歧视的“水厄”。三国时的魏蜀吴都有饮茶的习惯，但相对而言，植茶历史稍长的东吴饮茶之风更为盛行，相关的茶事也更多一些，以茶代酒的典故就出自东吴末代国王孙皓的身上。

生于242年的孙皓是孙权的孙子，曾被封为乌程侯，其父孙和也曾做过南阳王。264年，吴王孙休病故，丞相濮阳兴见魏国已经攻灭蜀汉，东吴成为下一个被灭的目标，而太子孙弯又年纪太小，难以担当保卫国家的大任，便立孙皓为帝，改年号为“元兴”。

螭纹鐎

高13.7厘米。鐎斗流行于两汉魏晋，至唐宋逐渐消失，成为收藏把玩器具。其用途有多种说法，一是温酒器，二是敲击警众的器皿，还有学者认为是煮茶的用具。

孙皓是一个专横残暴、奢侈荒淫的国王，他宠信佞臣岑昏，整天饮酒作乐，很快便失掉了民心。在位期间，孙皓经常举行酒宴，招待群臣。在宴席上，孙皓有一个不成文的规定，凡参加者至少要喝酒七升，而且每次斟满杯后，要举杯一饮而尽，并亮杯说干，喝不下者就令卫兵硬灌。当时的东吴有一位博学多才的大臣，名叫韦曜，是孙皓最受宠爱的臣子之一。韦曜不会饮酒，二升酒下肚便会烂醉如泥，洋相百出，根本不可能完成七升的定量。为了能让他蒙混过关，孙皓专门吩咐倒酒的侍臣准备好清茶，在为韦曜斟酒时就以茶水替换。这样做了以后，不胜酒力的韦曜再也不必为酒宴上的七升酒而发愁，每每举杯畅饮，比会喝酒的人还要痛快，只是人们尚不清楚，他不过是以茶代酒而已。

韦曜以茶代酒的故事就这样流传下来。此后，以茶代酒一词还被许多的文人名士拿来一用，成为酒宴之上人们常常谈论的一个话题，并逐渐成为一个很雅的词汇。宋代大书画家米芾 38 岁时，曾应当时湖州知州林希之邀，赴游苕溪小住，受到朋友们的热情款待，每天酒肴不断。一段时间下来，早已不胜酒力的米芾终于感到了不适，可朋友们的盛情依然难却。无奈之下，米芾只得学韦曜玩起了“以茶代酒”的雅事，结果既不误朋友们饮酒赋诗的雅兴，又避免了对自己的身体的伤害，落了个皆大欢喜的结局。

韦曜受孙皓如此厚爱，说起来也算不枉忠君一场，但接下来发生的事却开始不妙。韦曜受孙皓命修《吴书》，孙皓想为自己的父亲孙和立本纪，执拗的韦曜以孙和没有登帝位为由表示不能同意，认为只可立传。为此事孙皓暗中对韦曜产生了不满，二人的摩擦由此开始，韦曜渐渐失去了孙皓的宠信，以茶代酒的待遇

近代　俞明绘《米芾拜石图》轴

177.2厘米 ×46厘米。

孙皓像

也慢慢取消。不久，曾经对韦曜非常器重的孙皓终于找了个理由，将这位博学多才的江东名士推出去斩首，家人也遭到了流放零陵的结果，使这段颇为雅致的典故以血腥的结尾告终。

残暴的孙皓以血腥的杀戮维护了自己不容挑战的权威，却没能维护好祖上辛辛苦苦打下的江山。280 年，已取代魏国的西晋兵分六路攻吴，很快攻入吴国腹地。当年 3 月，晋将王浚的水师首先逼近建业，曾经风光无限的孙皓走投无路，只得仿效刘禅，率领残存的文武百官，带着东吴的户籍图册，出城降晋。283 年，投降后被晋武帝司马炎封为归命侯的孙皓病死于洛阳，终年 42 岁。

宋徽宗的风雅

自唐代开始，中国的茶业开始以前所未有的速度发展，逐渐进入了社会的各个阶层，以品为主的唐代煎茶形式逐渐发展成了“斗茶”，品茗较前已更具艺术性与观赏性，成为无数风雅之士引以为荣的一项生活方式。至宋代，宋太宗下诏造茶入贡，使士大夫阶层及民间饮茶之风更甚，影响也超越国界，已至“华夷蛮貊，固日饮而无厌，富贵贫贱，亦时啜而不宁”（梅尧臣《南有嘉茗赋》）的地步。到宋徽宗赵佶即位时，林立的茶肆已成为遍布城镇乡野的一道亮丽风景，从“敲打响盏歌卖”的小茶摊儿到安有妓女的“夜茶坊”应有尽有，“茶”在人们的社会交往中扮演着越来越重要的角色，而这一切又与贵为天子的徽宗赵佶密

宋代　佚名绘《宋徽宗赵佶半身像》

台北市『故宫博物院』藏。赵佶，宋神宗十一子，宋朝第八位皇帝，在位二十六年。靖康之变后，宋徽宗与儿子宋钦宗二帝被俘北上，北宋灭亡。宋徽宗是花鸟画的第一高手，还自创书法『瘦金书』。他在其创作的书画上使用一个类似拉长了的『天』字的花押，据说象征『天下一人』。这也是中国历史上最出名的花押。同时，他也是一位名副其实的茗中高手，他撰写的《茶论》（亦名《大观茶论》）至今仍被认为是一部不可多得的论茶专著。全书共分二十篇，在此书中，宋徽宗结合自己的经验，阐述了从茶叶的栽培、采制到烹试、鉴品，从烹茶的水、火、具到色、味等多方面的知识，并对在北宋盛极一时的斗茶之风做了精辟的记述与总结。宋徽宗本人就是一个点茶高手。蔡京在《延福宫曲宴记》中记载，宣和二年（1120年）十二月的一天，宋徽宗在延福宫宴请王公大臣时，就曾亲自表演点茶技艺并将点好的贡茶分给赴宴的王公大臣们饮用。

不可分。

宋徽宗赵佶是北宋第八代皇帝，北宋元符三年（1100年）即位，在位26年，是一位名副其实的茗中高手，他撰写的《茶论》至今仍被认为是一部不可多得的论茶专著。作为一个帝王，宋徽宗无疑是失败的，他治国无方，信任奸佞，腐败无能，荒淫奢侈，是一位地地道道的昏君；但作为一个艺术家，他的才能却是有目共睹的。他精通音乐、书法、绘画和诗词，对茶艺的研究也颇有心得。

南宋　陆游作《上问台闵尊眷尺牍》

唐代著名诗人陆游亦是爱茶之人，一生以茶入诗近三百首，而且还任过福建常平茶事。此信陆游以行书写成，内容为答谢回赠友人子鱼五十尾，新茶三十胯。『胯』即为『茶饼』，是宋人形容团茶的数词，圆形称『饼』，其他造型便称为『胯』。全信释文：『游皇恐百拜。上问台闵尊眷。恭惟均纳殊祉。知监学士。幸数承教。此尝纳职状以见区区。而知监谕以职状。已溢员。势须小缓。别换文字。伏乞台照。游蒙宠寄天花果药等。仰戴恩念。何有穷已。新茶三十胯。子鱼五十尾。驰献尘渎。死罪死罪。建安有委。以命为宠。游皇恐百拜上覆。』

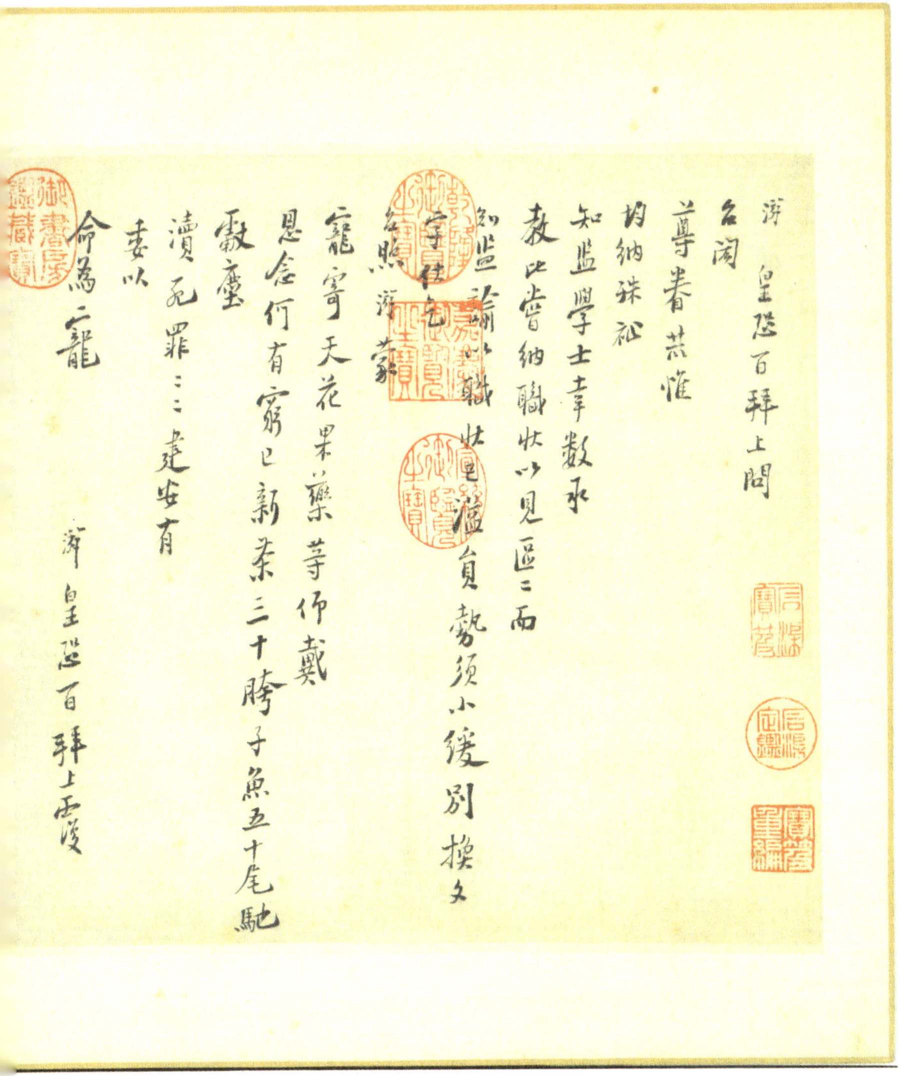

溍皇恐百拜上問
名閣
尊眷共惟
均納殊祉
知監學士幸數承
教比嘗納職狀以見區區而
知監諭以職狀已濫負勢須小箋別撰文
字使乞
名照溍蒙
寵寄天花果藥等仰戴
思念何有窮已新茶三十胯子魚五十尾馳
獻塵
瀆死罪死罪建安有
委以
命為二龍
溍皇恐百拜上覆

大观年间（1107—1110年），由他亲笔编撰的《茶论》成书。这部被后人称为《大观茶论》的专著是宋徽宗多年精研茶艺的结晶。全书共分二十篇，记述了他写此书的目的和动机，概述了茶的性质和功效，称茶是吸收了山川日月之灵性的灵秀之物，可以舒展人的胸怀，洗涤人的烦滞，能令人在杯盏之中享受到清爽和芬芳的韵味。在《大观茶论》中，宋徽宗详尽介绍了当时饮茶之风的兴盛，并认为饮茶之风的兴盛是自己治理下的北宋繁荣兴盛的反映。在此书中，宋徽宗结合自己的经验，阐述了从茶叶的栽培、采制到烹试、鉴品，从烹茶的水、火、具到色、味等多方面的知识，并对在北宋盛极一时的斗茶之风做了精辟的记述与总结。《大观茶论》可以说是中国古代茶业发展的一部珍贵的文献资料。

宋徽宗的茶论专业性极强，尤其在点茶的论述中，他的记录详尽到了每一道工序的每一个细节。在这段文字里，宋徽宗先介绍了“静而点”和“一发点”两种点茶方法，接着又介绍了斗茶时正宗的“七汤”点茶法，从注水入盏点茶时的缓急、多少、落水点，以及击拂的力度等方面入手，总结出了点茶的七种变化以及每一种变化产生的效果。七汤点茶法实际操作时用时很短，一般只需一两分钟，能在如此短暂的瞬间里体验出如此烦琐细致的一道道工序，足见宋徽宗点茶击拂技艺的高超。据当时的权臣蔡京在《延福宫曲宴记》中的记载，宣和二年（1120年）十二月的一天，宋徽宗在延福宫宴请王公大臣时，就曾亲自表演点茶技艺并将点好的贡茶分给赴宴的王公大臣们饮用。以帝王之身行如此之事，可见宋徽宗爱茶已不仅仅是一般的爱，而是已近痴迷了。

宋徽宗恋茶成痴，可惜的是，他的茗茶雅兴并没能延续多久。

宋代　茶盏

茶盏历代有各种不同的称谓，唐代称为『茶碗（盌）』『茶瓯』。『茶盏（琖）』是宋代的称呼。『茶杯』这个称呼，是进入明清之后的叫法，延续至今。宋代茶盏讲究『收敛、节制』，造型秀丽、挺拔，盏壁斜伸、碗底窄小，轻盈而优雅，很大一部分是迎合当时品茶方式由『煎饮』到『点饮』的转变。点茶是在茶盏内最后完成的，需要用筅击拂茶汤，在盏面形成乳花，茶盏对茶颜色的垫托非常重要。当时有八大民窑，区分以长江为界。北方四个：磁州窑、耀州窑、钧窑、定窑。南方是饶州窑、龙泉窑、建窑、吉州窑、饶州窑。其中磁州窑在今天的河北省磁县，而历史上把北方所有烧造民间用瓷的窑口统称为磁州窑。饶州窑即现在的景德镇窑。建窑原在福建建安（今建瓯），后迁建阳。所烧黑釉瓷器，釉面多条状结晶纹，细如兔毛，称兔毫盏，当时被誉为上品。我们特从世界各地博物馆藏挑选出宋代不同时期、不同窑口、不同釉色的茶盏图供大家欣赏。希望大家在欣赏其新颖别致的造型、赞叹其风格的清新高雅之余，可以从中领略出宋代茶盏所具有的美学内涵。

北宋　窑旋纹笠式盏

该盏为斗笠式小盏，侈口小足，壁深斜，小圆底，矮圈足。圈足满釉，足周部分沾沙，口沿一周无釉，芒口涩胎，胎色白。

南宋 吉州窑黑釉木叶纹盏

口径14.92厘米。木叶纹盏制作之时，先在胎上施一层黑釉，然后在经过特殊处理的树叶上施一层淡釉，再把树叶贴在黑瓷坯体上，最终经1300度高温烧制后即成为木叶纹。木叶有半叶、一叶，也有二、三叶叠加；所用叶子有人认为是桑叶，也有人认为是菩提树叶。

宋代 龙泉窑青瓷撇口盏

此盏口沿嵌有金属扣棱，宽侈口，小圈足，呈斗笠形。撇口碗是宋代建盏采用较多的形式，碗口沿外撇，器壁由底至口逐渐侈张，形如喇叭状。

宋代 青白瓷斗笠盏

5.1厘米×16.8厘米×3.5厘米。

南宋 吉州窑褐釉剪纸贴花盏

6.7厘米×12.7厘米。此盏将剪纸贴于内壁，为剪纸贴花纹茶盏，唐宋时期颇为流行。

宋代　建窑兔毫盏

6.4厘米×11.7厘米。兔毫盏是宋代黑釉茶盏中最著名的品种，尤以福建建阳窑最佳。其中以闪银光色的细长条纹者为最佳，状如兔毛，故称兔毫盏。

南宋　磁州窑黑釉油滴茶盏

7.6厘米×19.7厘米。此盏釉面上有许多大小不一、具有银灰色金属光泽的小圆点，形似油滴，大者如豆，小如针尖，故名。

宋代　吉州窑玳瑁釉盏

5.1厘米×14.9厘米。

宋代　建窑黑釉兔毫盏
高6.7厘米，口径11.5厘米。

宋代　吉州窑月影梅花纹盏
口径12.1厘米。

宋代　黑釉虎皮纹盏
高4.4厘米，口径14.9厘米。

宋代　耀州窑青瓷印花菊花纹茶盏

盏内壁印饰缠枝菊纹六朵，盏心为模印菊瓣花，故名。

宋代　定窑系白釉茶盏

高5.7厘米。

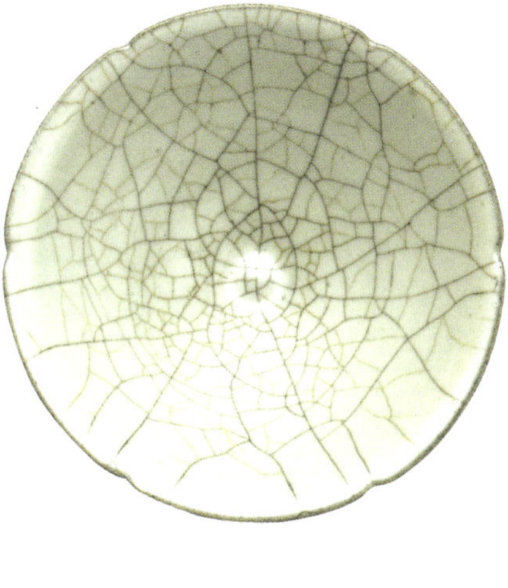

南宋　哥窑灰青葵口盏

呈六瓣葵口，敞口微撇，深弧壁，矮圈足。

南宋　吉州窑乌金釉叶纹盏

高 5.1 厘米，口径 14.5 厘米，底径 3.2 厘米。

南宋　景德镇窑系印花博古花卉盏

碗六瓣花口碗，深壁弧形下收，矮圈足。

就在他于延福宫点茶宴请群臣七年之后，即靖康二年（1127年），盘踞在北方的金人兵临城下，宋徽宗和已接任新皇帝的儿子钦宗都成了金人的俘虏，被押解回金国。这位爱好广泛的风雅皇帝的所有优雅之事全都化作了逝去的旧梦。或许是出于对其艺术成就的肯定，后人对这位亡国之君并无多大的厌恶，还不时把一些富于传奇性的雅事附会在他的身上。明代慎懋官的《华夷花木考》中记载说，宋徽宗和宋钦宗被押送金国的途中，经过一座冷清的寺庙，一行人进得庙中，见一位胡僧从内出来，唤童子点茶招待客人。那茶虽然简单，味道却极为鲜美，杯中香茗饮尽，还想再要一杯时，胡僧和童子已不见了踪影。有人入内相寻，见里边根本没有人住的痕迹，在竹林内的一间小屋里，他们看到了三尊石像，相貌正是刚才以茶待客的胡僧和两位童子。又是一则与茶有关的神话故事，放在才高尚雅的徽宗身上，也不算煞了风景。

茶痴朱权

明代是中国茶文化发展的第三个高峰，这一时期，蒸青、炒青、烘青等工艺的出现使茶叶的制作加工水平达到了一个前所未有的高度，饮茶的习俗也走入了更多普通民众的中间，成为百姓日常生活中一项不可或缺的内容。这期间，各类以茶为表现内容的作品纷纷问世，如江南才子唐伯虎的画作《烹茶画卷》《品茶图》，著名画家文徵明的《惠山茶会记》《陆羽烹茶图》和《品茶图》，以及朱元璋之子朱权的论茶专著《茶谱》。《茶谱》是继宋徽宗赵佶的《大观茶论》之后，又一部出自皇家成员之手的论茶专著，它的作者朱权是朱元璋第十六子，曾受封明室宁王，另有大明奇士、臞仙、丹丘先生、涵虚子等号，是明初著名的琴学大家、戏曲理论家和剧作家。

1402 年，继承朱元璋皇位的太子之子朱允炆与后来成为永乐

明代成化年间斗彩团花果纹茶杯

高10厘米，口径20厘米，足径10.5厘米。台北『故宫博物院』藏。斗彩是一种中国传统制瓷工艺，又称逗彩。这一技术首创于明朝宣德年间，在明成化时期达到高峰。此茶杯完全依斗彩工艺制成，纹饰以青花勾勒烧成之后，再以矾红、橘红、黄、绿、紫等色填入，进行二次低温烧制。图中茶杯青花淡雅，色釉鲜丽，属明成化年间斗彩精品。

明代　茶壶

中国茶叶的制作有着悠久的历史，自发现野生茶树，从生煮羹饮，到饼茶散茶，从绿茶到多茶类，从手工操作到机械化制茶，其间经历了一系列复杂的变革。唐宋时期流行团茶，『煎茶法』是当时主要喝茶方法，即将茶叶碾碎放在壶里煮着喝。明代饮茶发生了根本性的革命，朱权提倡用沸水直接冲泡茶叶，茶不再碾碎，大众的饮茶方式变成延续到今天的『冲泡法』。同时，茶具亦开始发生变化，新兴茶器皿如茶壶与茶钟兴起，宜兴紫砂茶器开始流行。上面在第一章的图像中，我们集中介绍了明代茶钟的形态。此章，我们主要介绍明代茶壶的形态，供大家欣赏及解读。

明代永乐　甜白三系竹节把壶

器高 11.0厘米，口径 4.0厘米。

明代永乐　青花凤凰纹三系茶壶

青花浓艳，壶肩与底边画有双层蕉叶纹，壶腹与盖沿两面各有穿莲凤凰一对，盖面则有一凤鸟。

明代德化　窑莹白把壶

此为明清时期德化窑常见的壶制。直圆口，短颈，扁圆腹，撇足，直流，曲把，平顶盖，附一狮形纽，纽下一通气孔。

明代宣德　宝石红釉僧帽壶

高19厘米。形似僧伽帽，故名。底面镌刻乾隆皇帝《题霁红僧帽壶》："宣德年中冶，太和斋里藏。抚摩钦手泽，吟咏识心伤。润透朱砂釉，盛宜沆瀣浆。如云僧帽式，真幻定谁常。"

明代宣德　窑紫金釉桃形把壶

壶底有双青线内书『大明宣德年制』二行六字楷款。

明代隆庆　青花云龙提梁壶

通高 30.2 厘米。器底青花书『大明隆庆年造』双圈楷书款。

明代 掐丝珐琅葡萄纹壶

此器型颇似西域风格，非中国传统形制。

时大彬梅花紫砂壶（宜兴器）

高9.5厘米。时大彬，号少山，明嘉靖至万历人。其父时朋，乃明制壶著名的『四家之一』。时大彬从小随其父制壶，由于他家学渊源深厚，『为人敦雅古穆』，制壶不务妍媚、朴雅坚致，故『壶如波澜安闲令人起敬』。

皇帝的朱元璋之子朱棣间争夺皇位的战事结束，对朱权素有猜疑的朱棣借故将他改封南昌。失意的朱权从此隐居南方，以茶明志，不问世事，整天寄情于戏曲、音乐、诗文及释道中，将毕生的心血都倾注在学术上，在另一个舞台上取得了令人瞩目的成就。《茶谱》成书时，朱权的人生之路已近暮年，这本书是他信奉道教、耽乐清虚、潜心茶道的结果。《茶谱》对朱权一生的饮茶经验和品茗体会进行了总结，前有序言，次分绪论、品茶、收茶、点茶、熏香茶法、茶炉、茶灶、茶磨、茶碾、茶罗、茶架、茶匙、茶筅、茶瓯、茶瓶、煎汤法、品水等，其内容之翔实让人叹为观止。从《茶谱》中可以看出，朱权对茶的认识已非只在茶中，而是将其作为了一种表达志向和修身养性的方式。在《茶谱》中，朱权主张保持茶叶的本色、真味，顺其自然之性。他提倡在行茶时应设案焚香，有一个高雅的仪式，即所谓的焚香品茗，琴弈助兴。烹茶品茗、延客款话、弹琴弈棋、清谈吟诗的品茗场面，是朱权所求品茗意境，也反映了明代文人名士超越俗世的品茗意趣。在明代之前，饼茶加香及其烹饮方法一直是饮茶的主要方式，深谙茶中之道的朱权对此极不欣赏，他独创了蒸青叶茶烹饮法，即将茶叶蒸后，不再捣碎揉制成团，而是直接焙干烹饮，他认为这样才保持了茶叶的天然本色和真味。这种简便新颖的叶茶烹饮方式，于后世影响深远。直到今天，直接用沸水冲泡饮用仍然是人们饮茶的主要形式。

朱权的艺术成就是多方面的，除《茶谱》之外，其主要作品还有《神奇秘谱》《太和正音谱》及琴曲作品《平沙落雁》和《秋鸿》等。他历时十二年整理完成的琴谱《神奇秘谱》原名《臞仙神奇秘谱》，分上、中、下三卷，共包括《高山》《流水》《广陵散》

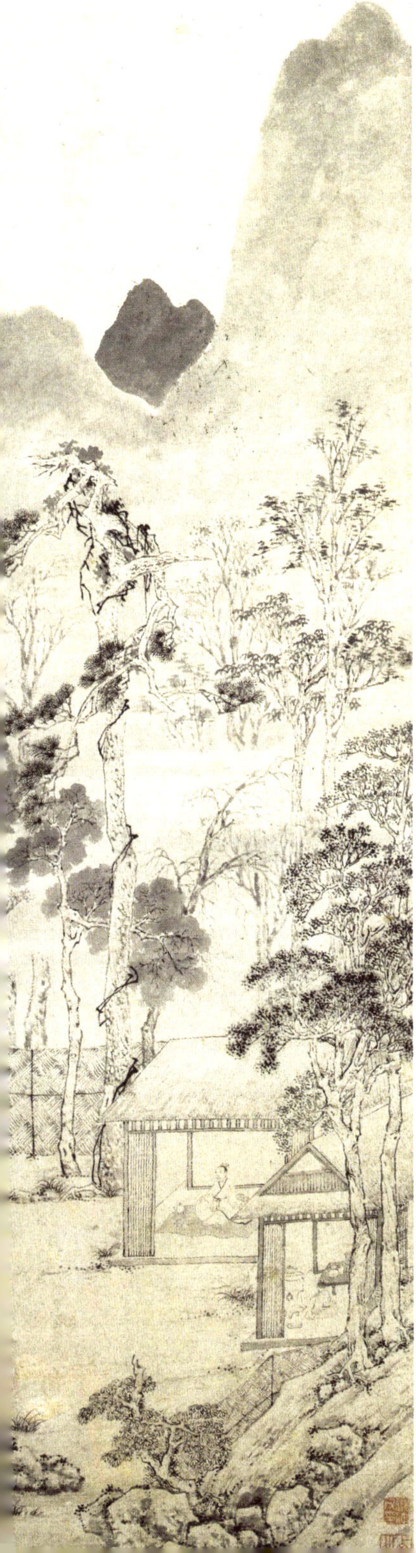

《阳春》《梅花三弄》和《大胡笳》等历代名曲在内的琴谱50首，是我国现存最早也是最重要的琴谱之一。由他编撰的《太和正音谱》（又名《北雅》），是现存最早的一部记载北曲的重要戏曲著作，书中按调式分类编排收录了350个北曲曲牌，对每一曲牌的代表之作详加解注，同时还附有元明杂剧作家名字、作品名称、戏曲术语及唱曲论述等，是一部有极高学术价值的专著。朱权死后，他的后人中又出了一位出类拔萃的人物，这位后人的名字叫朱耷，历史上著名的“八大山人”，又一位恋茶爱茶的茗中高手。

明代　文徵明绘《茶具十咏图》

图绘青山之下郁树成荫，两间茅屋在藩篱之内，主人趺坐于室内，书、壶伴其左右，另一间屋内侍茶的童子正在煮水。画的上半幅有自题《茶具十咏》，分别为茶坞、茶人、茶笋、茶籝、茶舍、茶灶、茶焙、茶鼎、茶瓯、煮茶。

君不可一日无茶

从唐宋兴起的品茗之风发展到清代时，开始进入了它的全盛时期。从清代中叶起，茶中的珍品成为官场士大夫和文人名士相互赠送的最好礼品，大量名茶也因此应时而生。清道光年间，半发酵的乌龙茶和经过发酵的红茶及白茶相继出现，传统的紧压茶也得到了进一步的发展。到清末，中国茶叶结构中的绿茶、红茶、花茶、白茶、乌龙茶、紧压茶六个大类终于形成，全国各地的市肆茶馆林立，有说书、评弹等说唱艺人的临场表演，并可供应小食品、点心之类的茶馆逐渐成为人们进行各种交易、交际和娱乐的场所。据说最喜欢微服私访的乾隆皇帝就曾多次光临这样的茶馆，并留下了许多趣味十足的茶事逸闻，其中现代社交活动中仍然流行的曲指叩拜的礼仪就出自他的身上。

爱茶的乾隆生于康熙五十年（1711 年），是雍正的第四子，乾隆元年（1736 年）登基，共在位 60 年。在位的 60 多年间，乾隆曾六次下江南巡游，盛产茶叶的杭州是他最多光临的地方。乾隆一生爱茶，而且精于品饮，几乎品尝尽天下名茶。在巡游江南的六次行程中，他曾四度到过西湖茶区，还亲封龙井狮子峰胡公庙前的 18 棵茶树为“御茶”，并派专人看管，年年岁岁采制进贡到宫中，供他自己享用。乾隆十六年（1752 年），他第一次南巡到杭州，就在天竺观看了茶叶采制的过程，写下了《观采茶作歌》，其中“地炉微火徐徐添，乾釜柔风旋旋炒。慢炒细焙有次第，辛苦功夫殊不少”的诗句为他赢得了体恤茶民的美名。此后几次南

清代　佚名绘《乾隆帝写字像》轴

乾隆一生爱茶，而且精于品饮，几乎品尝尽天下名茶。在巡游江南的六次行程中，他曾四度到过西湖茶区，还亲封龙井狮子峰胡公庙前的十八棵茶树为『御茶』，并派专人看管，年年岁岁采制进贡到宫中，供他自己享用。

清代　钱慧安绘《烹茶洗砚图》

同治十年（1871年），钱慧安为友人文舟作肖像画，即为此图。画中有两株虬曲松树，一座傍石水榭，另有一中年男子倚栏而坐。榭内琴桌上置有茶具、书函，一侍童在水边涤砚，数条金鱼正游向砚前；另一侍童拿着蒲扇，对小炉扇风烹茶。

巡，乾隆又屡次与茶结缘。乾隆二十二年（1757 年），他第二次南巡到杭州，又来到云栖茶区观看采茶，再作《观采茶作歌》一首，对茶农的辛苦寄予了极大的同情。乾隆二十七年（1762 年），他第三次巡游江南，在游览了龙井八景等名胜，品尝过用龙井泉水烹煮的龙井茶后，又作《坐龙井上烹茶偶成》一首，诗中尽表对龙井新茶的喜爱之情。三年以后，乾隆再游杭州，又写出《再游龙井》的诗作一篇，字里行间中再现了对龙井的留恋之情。

以帝王之尊连续四次为同一个地方的同一个题材赋诗四首，在历史上恐怕也是绝无仅有的事情，这也从一个侧面说明乾隆爱茶之深。事实上也的确如此，每次巡游江南时，茶馆都是乾隆必去的地方。一次微服私访的行程中，乾隆带着几个随从来到江南名城苏州，进入一家颇有气派的茶馆歇脚。其时正值夏天，茶馆生意火爆，客人坐满茶楼，伙计们一个个忙得汗流满面，仍然招呼不过来。乾隆与随从坐在桌边，久等不见伙计前来倒茶，就拿起茶壶，为自己和随从倒起茶来。随从们看到乾隆做出如此举动，大为惊恐，想依照平日的做法跪下谢恩，又怕暴露皇上的身份，不跪则又违了宫中礼节，犯了不敬君王之罪。慌乱之中，一名随从急中生智，迅速伸出右手，将中指和食指弯曲放在桌面之上，形成双膝跪下的姿势，朝乾隆轻叩了几下，其他人看到此举纷纷效仿，以示谢恩。乾隆见随从举动既不失礼节，又顾及了当时的场面，而且意趣十足，不觉龙颜大悦。过后，做出此举的随从都得到了乾隆的嘉奖。后来，这种礼节逐渐传入民间，每当主人待客敬茶，或给茶杯中续水时，客人就会以中指和食指在桌上轻轻点几下，以示敬谢之意。

乾隆六十年（1795 年），84 岁的乾隆正式将皇位传给皇太子

清代　茶杯

在上面的图像中，我们分别将宋代的茶盏与明代的茶钟及茶壶做了专题式的介绍。大家都知道，茶盏也称茶碗、茶钟、茶盅、茶圆、茶瓯、茶杯等，区别是茶盏因要用以点茶，器形较大；而茶杯、茶钟是用来泡茶，器形较小。我们特选一组清宫旧藏的茶杯、茶钟、茶圆、茶盅与盖碗的实物图，供大家欣赏与学习。

清代雍正　松石绿釉茶钟

此色在民间称为『吹绿』，原因是以吹釉技法制成，即用竹筒一节，一端蒙以细纱，蘸釉浆后，于另一端用口吹釉于坯面，反复喷吹使坯表施一层厚度均匀的釉。吹绿色是雍正朝低温珐琅绿釉的代表釉色，因其釉色极难控制，所以大多有色差。

清代雍正　珐琅彩黄菊花白地茶钟

高5.2厘米。器内壁为白釉，外壁一面以珐琅彩饰奇石、菊花等物，另一面为『分黄俱笑日，含翠共摇风』诗句。

清代雍正　斗彩绿竹茶钟

斗彩是将釉下青花和釉上五彩相结合，一同装饰于同一件瓷器面上的工艺表现形式，又称『豆彩』『逗彩』『填彩』。清代雍正时期特别流行。

清代乾隆

磁胎洋彩红地锦上添花茶钟

清代乾隆　紫砂胎紫金釉套杯

胎地为宜兴紫砂，外壁施紫金釉，烧成后，再于杯内套金片至杯口，非常漂亮。

清代同治　粉彩万寿无疆花蝶盖碗

慈禧太后御用茶器。有『万寿无疆』四字。

清代雍正

胭脂红白里暗龙纹茶圆

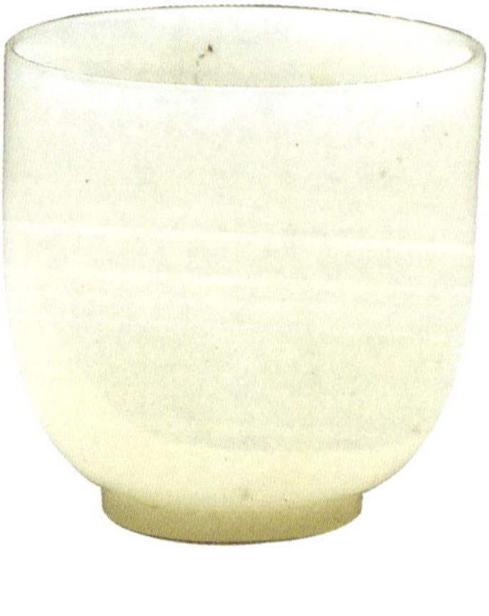

清代　白玉茶杯

颙琰，自己称太上皇。在商议退位的内廷上，一位想让乾隆继续留任的老臣以“国不可一日无君”相留，乾隆则以“君不可一日无茶”回应，玩笑之间便将对茶的喜爱表露出来。

嘉庆四年（1799年），退位后当了三年太上皇的乾隆在品茗怡性的闲散中逝去，终年89岁。

第二节　名宦杯中的异味

王肃作为孝文帝最尊重的来自南方的名宦，甘愿将茶比作酪奴，为孝文帝的盛宴平添了不少的情趣，只是这种带有贬义的茶的别称也就此流传开来，为茶的推广饮用设置了人为的障碍……

奶酪的奴仆

南北朝时期是中国饮茶文化推广与普及的关键时期。这段时期，随着东晋王朝南移建都建康（即今江苏南京）及北魏政权迁都洛阳，北方贵族与南方名士的交往日趋频繁，因生活习惯不同而引发的矛盾与冲突也时有发生，由此也产生了许多趣味十足的茶事，将茶水称作酪奴的典故就出自这一时期，其发明者是曾在南齐为官，后投奔北魏的南方名士王肃。

在南齐时，王肃曾先后任过著作郎、太子舍人、司徒主簿及秘书丞等官职，其父王奂为南齐雍州刺史。493 年，王奂因在襄阳收捕属官刘兴祖而得罪朝廷，他及七子中的五子都被杀害，王肃与三弟王秉及几位侄子设法逃出，来到北魏国都平城（即今山西大同）。由于自幼便涉猎经史，才气过人，胸有大志，王肃初到北魏，即得到孝文帝的赏识，几年的时间便官至宰相之职。为官期间，王肃帮着孝文帝制定典章制度，改革官制，营建新都洛阳，成为孝文帝最得力的大臣，由他建立起的北魏新文化被后人认为是隋唐乃至之后各朝代各种制度最主要的基础。

王肃出身于南齐名门，在南朝盛行的饮茶习俗自然会在他身上有所体现。初入北魏，他仍然爱好喝茶，爱吃的食物也是南方常见的鲫鱼羹，对当地人习惯的羊肉及奶酪则不太喜欢。由于喝茶太多，每次喝时都能喝一斗，北魏京城的士大夫们便戏谑地为其取名“漏卮”，说他的嘴像是一只灌不满的杯子。在北魏生活了几年之后，王肃的饮食习惯慢慢发生了变化，以前不习惯的羊肉和奶酪也成了喜欢吃的东西。有一次，王肃参加北魏孝文帝举行的朝宴，他和其他人一样大块吃着羊肉，大口喝着奶酪粥，让孝文帝感到非常奇怪，便问道：“卿为华夏口味，以卿之见，羊肉与鱼羹，茗饮与酪浆，何者为上？”王肃回答说：“羊是陆产之最，鱼为水族之长，都是珍品。如果以味而论，羊好比齐、鲁大邦，鱼则是邾、莒小国。茗最不行，只配给酪作奴。”孝文帝听后大笑，连连称赞王肃回答的巧妙。一同赴宴的彭城王元勰向来对王肃的生活习惯看不顺眼，这时便趁机说道：“既然如此，那你怎么老是对齐鲁这样的大邦看不上眼，却偏偏喜欢邾莒之类的小国呢？”王肃听了微微一笑，不卑不亢地说：“鱼虽然类似小国，却是我的故乡所产，所以不能不有所偏爱啊。”元勰面对王肃的回答，再也找不出毛病，只能以备好邾莒之食及奶酪，请王肃过府赴宴结束了这场争辩。

王肃作为孝文帝最尊重的来自南方的名宦，甘愿将茶比作酪奴，为孝文帝的盛宴平添了不少的情趣，只是这种带有贬义的茶的别称也就此流传开来，为茶的推广饮用设置了人为的障碍。从此，北朝士大夫都将茶称为“酪奴”，对饮茶者加以讥讽嘲弄，以至“自是朝贵宴会，虽设茗饮，皆耻不复食。惟江表残民远来降者好之”（见《洛阳伽蓝记》卷三）的地步。王肃无意中的一个比喻，竟会造成如此的后果，这是他所没有想到的。

此后，作为茶的一个别称，酪奴一词频频在各类咏茶的诗词中出现。宋代陈与义就曾在《陪诸公登南楼》中写出了“平生酪奴谤，脉脉气未申”的诗句，表达了对王肃称茶为酪奴的不满。清代方丈在《题刘紫凉山人品泉图》中也作出了“甘泉香茗胜醍醐，不信前人唤酪奴”的名句。当然，对酪奴这一称呼也并非人人都感到不满，很多人认为它只是茶的一个别称，而且是很有意思的别称，因而也常常以酪奴入诗，以增加诗之趣味。“平生羡玉川，雅志慕王肃。定知茗饮易，更爱七碗速。”这是明代徐火勃在《试武夷新茶作建除体贻在杭》一诗中的诗句。“苍头可奄称酪，博士何劳更给钱”则是明代另一位诗人费元禄在《清明试茶》中的名句。酪奴在他们眼里，不过是一个普通的典故而已。

爱茶识水

谷中春日暖，渐忆掇茶英。
欲及清明火，能销醉客酲。
松花飘鼎泛，兰气入瓯轻。
饮罢闲无事，扪萝溪上行。

以上这首咏茶的诗词出自唐代著名的“牛李党争”中李党之领袖李德裕之手，名为《忆茗芽》。该诗行文流畅，清新自然，表达了作者饮茶时的愉悦心情和淡泊超脱的情怀，透露出了他爱茶、恋茶的真实情感。

李德裕出生于官宦世家，祖籍赵郡（今河北赵县），其父李吉甫在唐宪宗在位时曾任宰相之职。唐元和十五年（820 年），唐穆宗即位，李德裕以监察御史充翰林学士，荫补校书郎，拜监察御史。

他一生历经穆、敬、文、武四朝（820—846年），先后外任浙西、郑滑、剑南西川和淮南等镇观察使、节度使；在朝中历任中书舍人、御史中丞、兵部侍郎、兵部尚书、门下侍郎同平章事（宰相）等职，是一位颇有官缘同时也颇会为官的封建官僚。李德裕出身世家，本人又精通《汉书》及《左氏春秋》，文采亦有过人之处，因而对那些靠科举入仕的官员极为鄙视，认为他们只会应试，根本不具备治国安邦的才能。李德裕政治生涯中的大部分时间都用在了同科举出身的牛僧孺等人的争斗当中，直到最后被贬崖州（今海南省琼山区东），客死异乡。身为一代名相，李德裕一直都处在明争暗斗的旋涡中，在如此环境下仍能保持一种雍容闲逸的洒脱心境，悠然品茶咏诗，陶醉茗中，可见他是一位真正的爱茶之士。

现在流传的与李德裕相关的茶事很多，最著名的是他神辨建业水和以井换泉的故事。

李德裕神辨江水的传说出自五代南唐尉迟偓的《中朝故事》中，说的是他在京为官期间，他的一位好友要去京口（今江苏镇江）办事。临行之前，李德裕特地将朋友找来，让他回来时务必到金山下的扬子江中，取一壶烹茶的江水。朋友到京口办完公务，依照计划乘船顺扬子江而上，往京城长安进发。一路之上，这位朋友只顾尽情浏览沿江美景，把李德裕的托付早忘到了脑后，直到船至石头城（今江苏南京）时才忽然想起。此时朋友的船早已超过金山，再返回去取水已不可能。他想，反正这里离金山相距也不遥远，水质也应该差不到哪里，便自作主张地从石头城下的江中汲取江水一壶，回京城后当作金山下的扬子江水送到李德裕手中。李德裕见朋友已将江水取回非常高兴，立刻吩咐家人备好茶具，

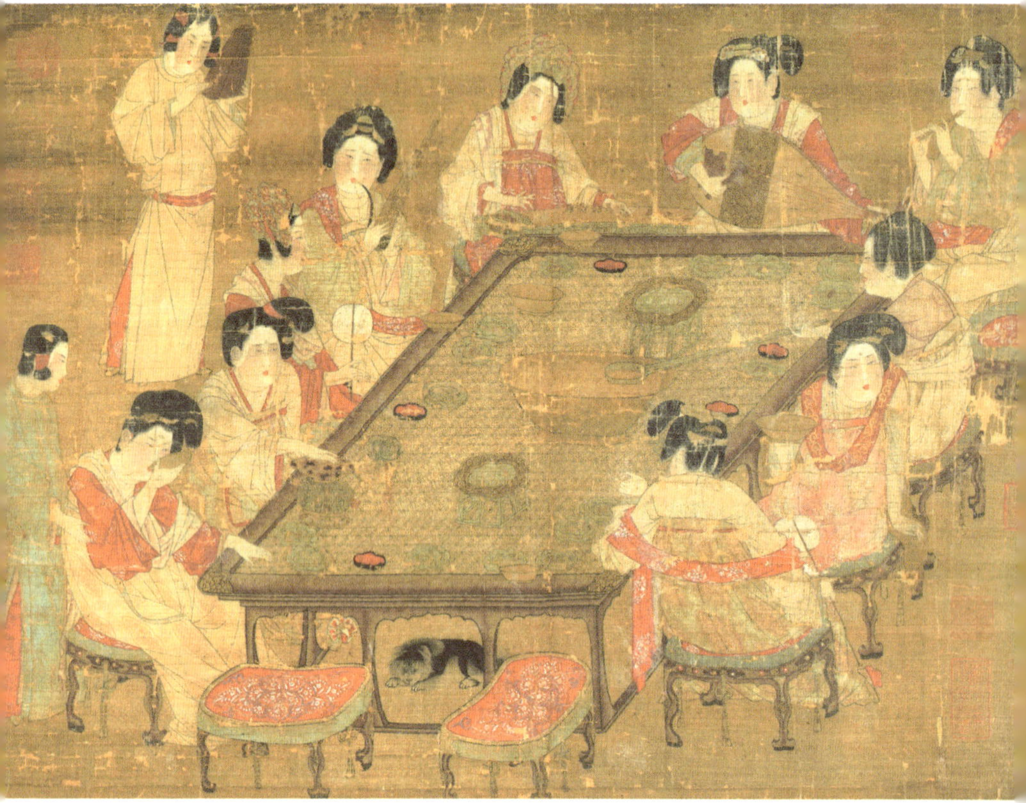

唐代　佚名《宫乐图》

此图描绘了唐代宫廷仕女宴乐生活的场景。此图应画于晚唐，时饮茶之风正盛，茶圣陆羽的《茶经》便完成于此际。图中茶汤是在别处煮好后置于案上，再以茶杓舀入茶盏饮用，为典型的煎茶。仕女们环案而坐，吹奏品茗，表现出晚唐宫廷的茶事之盛。

生起炉灶，开始煮水烹茶。茶烹好后，李德裕迫不及待地先尝了一口，转瞬间便将眉头皱起。他摇着头对朋友说：“你取到的肯定不是来自金山脚下的水，从口味上分析，应该是取自建业石头城下。”朋友听了大为惊讶，赶忙把自己观景误事的情况对李德裕如实坦白，问他如何分辨出了二者的不同。李德裕得意地笑道：“金山脚下的江水和石头城下的江水虽然相距不远，但因流速、水宽的不同，水的质地便会发生变化，这不是你们这些不知茶的人能懂的啊。”朋友听后，不由大为感慨，李德裕懂茶识水的传奇也借着此事很快传了出去。

李德裕爱茶识水，他平时烹茶的用水也极为讲究。被誉为天下第二泉的无锡惠山泉水味甘质轻，为水中极品，深得爱茶之士的喜爱，只是一般人很少能有取到的机会，李德裕贵为当朝宰相，当然有别人不具备的条件。为了能常用惠山泉水烹茶，他不惜动用大量的人力物力，在无锡到长安的大道上设置递水驿站，令无锡地方官员盛惠泉水于大坛之中，远行千里运到长安，以满足自己的雅兴。当时长安城里有一位高僧，他看到李德裕此举不仅劳民伤财，还引来沿途百姓的众多怨言，便只身前往相府，直言对李千里取水的不满，认为此举有损他的名声。李德裕辩解道：“每个人都会有嗜好，我只是爱茶而已，稍稍用权势取一些水，满足一下自己的雅兴，这比用权势做其他的坏事要好得多了。”高僧听了李德裕所言微微一笑，似乎早有准备，他说：“惠山之泉虽有天下第二泉之美誉，但经长途运输，其味早失，既然你爱茶识水，我可以告诉你一个取水的地方，现在长安城内昊天观中有一口井，其水与惠山泉水水脉相通，可取来一用。”在高僧的劝说下，李德裕率众来到昊天观内，当众取出井水，果然是无与伦比的甘甜。为了一试高僧所说此水与惠山泉水同脉的真伪，李德裕让下人找十个瓷瓶，其中两个装了惠山泉水和昊天观内的泉水，另八个装了普通的泉水，然后将瓷瓶混放，请高僧辨别。高僧一一品过，马上拿出了装有惠山泉水和昊天观泉水的瓶子，令人惊讶不已，李德裕当场表示不再从无锡运水，取消了沿途设立的“水递”。

这位高僧无疑也是一位茶中高手，其品水之功力较李德裕似乎还要高出一筹。无锡与长安远隔千里，绝不可能有相通的水脉，如果稍做思考，就不难发现高僧话里的破绽。李德裕身为宰相，不可能不知道其中的道理，实际上李德裕听了高僧关于运水劳民的话之后，已经有了取消取水命令的打算，当众试水只是他需要的一个在众人面前下坡的台阶而已。当然，昊天观内泉水品质的不凡也是让他下此决心的原因之一。

茶中自有真味

唐代名相李德裕神辨江水的故事流传千古，到今天仍然是爱茶之士们津津乐道的话题。在李德裕死后几百年的北宋，又一位爱茶懂茶的宰相登上了历史舞台，发生在他身上的茶事与李德裕相比，既有相似的一面，又有不同的地方，他就是有“拗相公”之称的北宋名相王安石。

王安石（1021—1086 年），字介甫，号半山，小字獾郎，因受封荆国公，世人又称王荆公，是北宋杰出的政治家、思想家和文学家。王安石出生于北宋一个小官吏家庭，小时候爱好读书，记忆超群，受到了良好的家教。庆历二年（1042 年），王安石登杨镇榜进士第四名，开始步入仕途，先后任淮南判官、鄞县知县、

王安石

选自明万历汪廷讷撰《人镜阳秋》。王安石，字介甫，号半山，谥号「文」，封荆国公，世称王荆公。熙宁变法时，王安石提出「天变不足畏，祖宗不足法，人言不足恤」，是为「三不足」之说。司马光曾致函叫他不要用心太过、自信太厚，王安石复书抗议，二人从此画地绝交。熙宁七年（1074年），王安石第一次罢相。熙宁八年（1075年）二月，王安石又回京复职，继续执行新法。同年十一月有彗星出现于天，曹太皇太后与高太后在宋神宗前哭泣说：「王安石乱天下。」神宗熙宁九年（1076年），王安石爱子王雱（pāng）病逝，王安石求退金陵，潜心学问，不问世事。宋神宗驾崩后，司马光执政，尽废新法，「熙宁变法」以司马光的「元祐更化」结束。元祐元年（1086年），王安石在江宁府的半山园去世，宋哲宗赵煦追赠王安石为太傅，并命中书舍人苏轼撰写《王安石赠太傅》的「制词」。王安石曾用长江瞿塘中峡水煎烹阳羡茶治疗痰火之症。

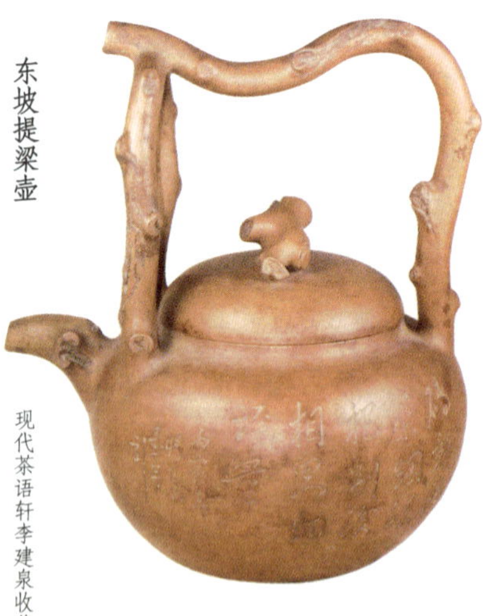

东坡提梁壶

现代茶语轩李建泉收藏

宋代　刘松年绘《斗茶图》

斗茶兴起于中国唐代，又称『茗战』，是宋代时期，上至宫廷、下至民间普遍盛行的一种评比茶质优劣的技艺和习俗。王安石以目观茶，便知江水品质，想来是个中高手。

舒州通判、常州知州、提点江东刑狱等地方官吏。治平四年（1067年）宋神宗即位之初，即诏王安石任江宁知府，不久又召为翰林学士。熙宁二年（1069年）提为参知政事，从熙宁三年起，他两度任同中书门下平章事，积极推行新法，是中国历史上知名的政治家之一。

与王安石有关的茶事不是很多，流传至今的主要有两则，其中一则与唐代名相李德裕相似，与宋代名士苏东坡有关，可谓事中皆雅士，人雅事也雅。

这则茶事也与辨水有关，说的是王安石老年时患有痰火之症，虽经多方医治，仍难以除根。有一次，太医院一位名医给他开了个偏方，嘱咐他用长江瞿塘中峡水煎烹阳羡茶，说这样连续服用一段时间，即可去除顽症。拿到药方后，王安石想起好友苏东坡是蜀地人，便托他为自己找水，称“倘尊眷往来之便，将埋塘中峡水攒一瓮寄与老夫，则老夫衰老之年，皆子瞻所延也”。不久，苏东坡回乡省亲，归来时亲自带着采取的江水来见王安石。水瓮抬进书房，王安石小心地打开纸封．命下人在茶灶中生起柴火，开始用上等的器具汲水烹茶。他先将一小撮阳羡茶投入白瓷定窑碗中，候水如蟹眼，注入碗中，过了好久，碗中才现出茶色。王安石的眉头便皱了起来，问苏东坡道：“这水取于何处？”苏东坡说：“是从瞿塘中峡取来的呀。”王安石再仔细观察一番，说道：“这肯定是瞿塘下峡的水，怎么能冒充中峡水呢？”苏东坡大惊，忙请教王安石是怎样看出破绽的。王安石说：“虽然都是瞿塘之水，但上峡之水性急，下峡则太缓，只有中峡水缓急相半。太医认为我的病可用阳羡茶治愈，但用上峡水煎茶味太浓，下峡水煎则又显淡，只有中峡水才恰到好处。刚才煎茶时茶色半晌方出，一看就知道是下峡水了。”苏东坡听了王安石的解释，连忙起身谢罪，对王安石的辨水水平大为叹服。

王安石以目观水，不用舌辨即知江水品质，其功夫比李德裕似乎更胜一筹。但是，较早前发生在他身上的另一件茶事则又让人大惑不解。那件茶事发生在王安石做翰林学士的时候，故事的另一位主人公是北宋著名的点茶大师蔡襄。一天，王安石到蔡襄府上拜访，久仰王安石大名的蔡襄亲自洗涤茶具，烹水点茶，以“极品茶”招待这位看上去前途无量的后辈，希望能得到王安石的认同。茶具端上案几，企望得到赞许的蔡襄看到了让他不敢相信的一幕，王安石竟然从夹袋里掏出一包名叫“清风散”的药，投入茶盏中，把茶中的极品当作了下药的水来饮。一时间，蔡襄被惊得目瞪口呆，王安石却怡然自得，边喝边慢声称赞茶好。蔡襄见此状况，唯有苦笑而已，只能“且叹公之真率也”（见《墨客挥犀》）。

在这则故事里，王安石简直是个不懂茶的粗人，与其爱茶懂茶的名声没有一点儿相符的地方。其实身为一代名士，王安石即便不像前一则故事里那样出神入化，也不会做出以待客之上茗下药的俗举。前后两种相反的举动，只能说明王安石心态的不同。老年辨水时，王安石已贵为相国，自可直抒其意。初与蔡襄相识时，王安石官职虽还不高，但已显露出光明的政治前途，蔡襄的以茶待客分明有笼络后生的意思，对此王安石显然心如明镜，只能装傻装痴。由此可见，王安石应该是一位能真正品出茶中真味的懂茶之士了。

第三节　识香的雅士

雅士是中国古代一种独有的称谓，行事怪僻风雅、与众不同是众多文人名士刻意追求的目标。在众多雅事中，煮茶品茗，怡情冶性，又被认为是雅中之大雅……

茶圣与亚圣

在茶风兴盛的唐代，曾发生过这样一则故事。

一个秋天的早晨，著名诗人卢仝正在书房看书，看门的家丁忽然进来禀报，说门外有一个讨茶之人，想要一杯好茶喝喝。卢仝平时嗜茶如命，对茶的研究颇有心得，也见惯了各种各样爱茶的名士，但似这样专为讨茶而来的人还从未见过，不由十分好奇，吩咐家丁让其进来。不一会儿，一个看上去颇为儒雅的文士走进书房，见面即抱拳拱手，要跟卢仝讨茶一盅。卢仝问道：“我见过讨米讨面的，却从来没见过讨茶的，你究竟想做什么呢？”来人微微一笑，说：“我刚才在门口讨了家丁一杯茶喝，觉得醇香无比，以此推断，主人家的茶一定不同凡响，故想讨来一试。”卢仝听后一笑，知道遇上了真正的爱茶之人，便让家人泡上一杯

《陆羽像》

陆羽，字鸿渐，复州竟陵（今湖北天门市）人，被誉为茶圣。《新唐书》和《唐才子传》记载，陆羽幼时因其相貌丑陋而成为弃儿，后被龙盖寺住持智积禅师在竟陵西门外、西湖之滨拾得，并收养。乾元元年（758年），陆羽在升洲（今南京）钻研茶事。上元初年（760年），至苕溪（今浙江湖州）隐居。其间，陆羽经常与当地名家皎然、朱放等人论茶。后来，陆羽著《茶经》，皎然著《茶诀》。唐代宗曾诏拜陆羽为太子文学，又徙太常寺太祝，但皆未就职。

收藏多年的“玉带茶”。来人细细品过茶，连连点头称赞，接着又从随身携带的竹篮中拿出一只紫砂茶盘、一把紫砂茶壶和四只紫砂茶盅，问可不可以用他的茶具来烹。得到卢仝的允许后，来人屏声静气，开始用自带的茶具泡茶，待得茶汁烹好，盅盖揭开，顿觉满屋芳香缭绕，沁人肺腑。大惊之下，卢仝赶忙请教来人大名，才知道正是大名鼎鼎的陆羽。一番谈论之后，二人惺惺相惜，遂结为兄弟，此后结伴云游四方，探讨烹茶之道，成为一对因茶结缘的密友。

这就是后人常常提及的陆卢遗风的典故，典故中的主人公陆羽和卢仝，一位被称为茶圣，另一位则有亚圣之称谓。其中茶圣陆羽曾写出过著名的《茶经》，亚圣卢仝则以一首《茶经》闻名于世，二人皆为品茗高手，是中国茶史上赫赫有名的人物。

陆羽生于733年，据说是龙盖寺住持智积禅师在西湖之滨散步时，从一群大雁的羽翼下发现并带回寺中的。智积禅师把这个小孩儿抱回寺中后，以《易经》占卜，取“鸿渐于陆，其羽可用为仪”中之意，为其取名陆羽。陆羽在智积禅师的抚育下，从小学文识字，习诵佛经，成为龙盖寺一名没有削发的挂名僧人。在学习之余，陆羽经常要为爱茶的智积禅师煮水烹茶，这使他从小便接触到了许多有关选茶烹茶的技巧。11岁那年，陆羽因不堪忍受寺僧的欺凌，设法逃出了寺院，来到一个戏班子里做了“优伶”。唐天宝五年（746年），河南人李齐物到竟陵来当太守，县令为太守接尘，便让戏班子来演出，太守看完后，对陆羽很赏识，于是召见他，赠以诗书，并介绍他到天门西北的火门山邹夫子那里去读书。读书之余，陆羽也常为邹夫子煮茶烹茗，这使陆羽的茶艺得到了不断的提高。

山中茅屋是誰家
兀坐閒吟到日斜
俗客不來山鳥散
呼童汲水煮新茶
趙丹林

元代　赵原绘《陆羽烹茶图》

图中阁内一人坐于榻上，应该是陆羽，一童子拥炉烹茶。有作者自题『陆羽烹茶图』及窥斑题诗、乾隆皇帝御题诗。

宋代　钱选绘《卢仝烹茶图》

图中描绘了卢仝得好友朝廷谏议大夫孟荀送来的新茶，并当即烹尝的情景。卢仝是唐代诗人，自号玉川子，范阳（今河北涿州市）人，家境贫穷仍刻苦读书，不愿入仕，以好饮茶誉世。《卢仝烹茶图》中那头顶纱帽，身着长袍，仪表高雅，悠闲席地而坐的当是卢仝。

二十多岁后，陆羽出游到河南的义阳和巴山峡川等地，耳闻目睹了蜀地彭州、锦州、蜀州、邛州、雅州、泸州、汉州、梅州的茶叶生产情况，后来又转道宜昌，品尝了峡州茶和蛤蟆泉水。756年，由于安史之乱，关中难民蜂拥南下，陆羽也随之过江。在此后的生活中，他采集了不少长江中下游和淮河流域各地的茶叶资料。760年，陆羽来到浙江湖州，与同住抒山妙喜寺的诗僧皎然结成忘年之交。之后又结识了灵澈、李冶、孟郊、张志和、刘长卿等名士，并对以往收集到的茶叶历史和生产资料进行汇集和研究，为《茶经》的问世积累了足够的资料，并于五年之后完成了这部专著。陆羽《茶经》的问世，使中国的茶文化发展到一个空前的高度，标志着唐代茶文化的形成，对后世茶文化的发展起到了相当重要的作用。

与陆羽相比，卢仝的年纪稍轻。他生于795年，是唐代著名诗人。他写的《茶歌》自问世之日起，经唐至宋、元、明、清各代传唱，千年不衰，在茶的推广普及中起到了非常重要的作用。在《茶歌》中，卢仝以循序渐进的方法，先写了看到新茶的珍惜喜爱之情，接着想到了新茶采摘与焙制的辛苦，然后便开始详细地描写饮茶的感受。在卢仝看来，饮茶已不仅仅是生理上的需要，更多的是一种精神上的要求，在看似烦琐的过程中领会品茗的乐趣，追求一种悠然洒脱的意境，才算是领会了茶的真谛。卢仝的《茶歌》可分为三部分：第一部分以铺陈的手法写了茶的礼仪精神；第二部分是全诗的精华，主要表现了饮者可达到的美妙意境；第三部分则笔锋一转，又写到了茶农的巅崖之苦，请孟谏议转达对苍生的关怀与问候。鉴于《茶歌》对后世的影响，有人把它同陆羽的《茶经》及赵赞的“茶禁”一起列为唐代在茶业上影响最大最深

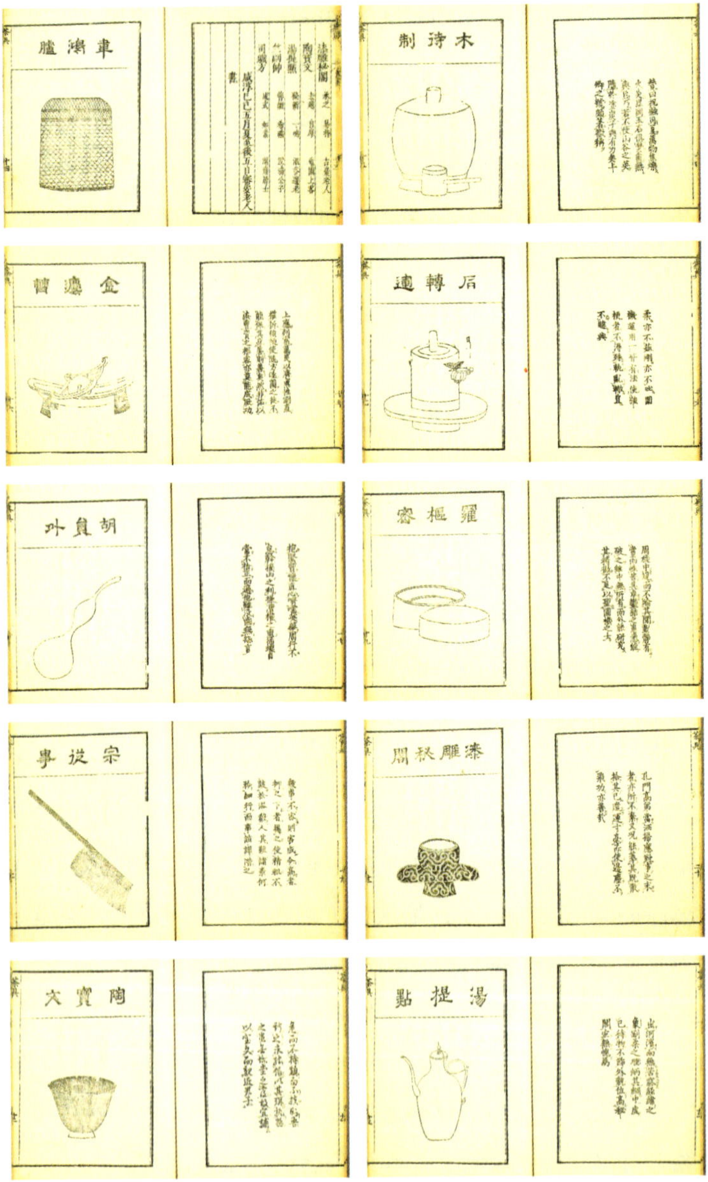
韋鴻臚
木待制
金法曹
石轉運
胡員外
羅樞密
宗從事
漆雕秘閣
陶寶文
湯提點

唐代　陆羽著《茶经》

世界上第一部有关茶的专著。书中的插图是后人所绘，分别是：韦鸿胪（茶笼）、木待制（木椎）、金法曹（茶碾）、石转运（茶磨）、胡员外（茶杓）、罗枢密（茶罗）、宗从事（茶帚）、漆雕秘阁（茶托）、陶宝文（茶盏）、汤提点（汤瓶）、竺副帅（茶筅）和司軄方（茶巾）。

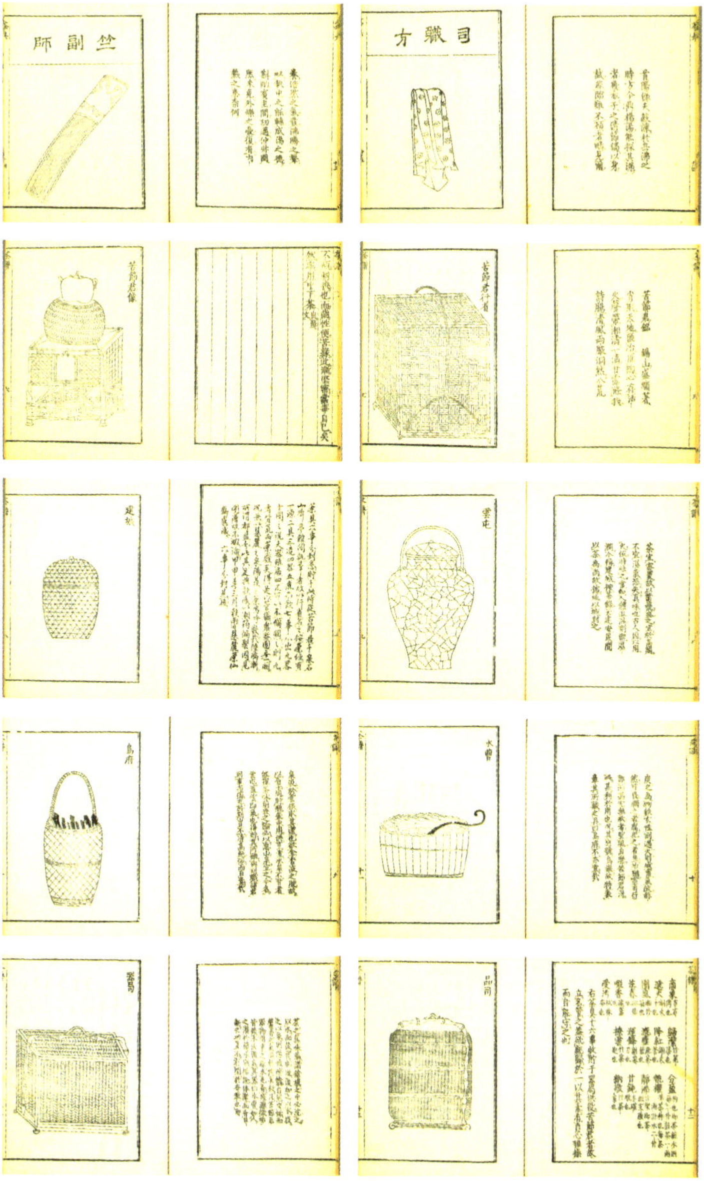

的三件事。宋代的胡仔在《苕溪渔隐丛话》中就曾说："玉川之诗，优于希文之歌（即范仲淹《和章岷从事斗茶歌》），玉川自出胸臆，造语稳贴，得诗人句法。"由此也可见卢仝《茶歌》在名士心中的地位。

804 年，茶圣陆羽在湖州不幸去世；31 年后，卢仝因在"甘露之变"中被误捕而遭杀身之祸。至此，两位嗜茶的名士先后退出了中国茶叶发展的历史舞台，只把一段美丽的佳话留给了后世。

李约天性惟嗜茶

茶谚云："三分解渴七分品"，其中解渴与品位之间的比例大小，是由社会发展和文化层次决定的，社会愈向前发展，饮茶人的层次愈高，品位所占的比例自然就愈大。到了唐代，士大夫加入了饮茶行列，讲究饮茶的精神享受，注重带有文化味的品位，把饮茶视作清高的雅举，饮茶不仅登上大雅之堂，而且成为士大夫朝夕相伴的风雅趣事。士大夫阶层中不乏饮茶成癖之人，唐德宗时宰相李勉之子兵部员外郎李约就是一个茶迷。

李勉、李约父子两人俱为雅人，李勉酷好古琴，李约迷恋饮茶，以风雅名世，唐人笔记中多记李氏父子好琴恋茶逸事。先说说李勉其人的雅举。李勉为大唐王朝的宗室，官至宰相，封汧国公，《旧唐书·李勉传》称：“勉坦率素淡，好古尚奇，清廉简易，为宗臣之表。善鼓琴，好属诗，妙知音律，能自制琴，又有巧思。”李勉身在相位二十年，以清廉出名，是个好官，堪称宗室大楷模。这位宰相还是著名的琴家，李勉好琴为世称赏。唐代李肇《唐国史补》云：

李汧公雅好琴，常斫桐，又取漆桶为之，多至数百张，求者与之。有绝代者，一名响泉，一名韵磬，自宝于家。

唐代赵璘《因话录》亦云：

李司徒汧公镇宣武，戎事之隙，以琴书为娱。自造琴，聚新旧桐材，扣之合律者，则裁而胶缀，不中者弃之。故所蓄二琴，殊绝，所谓响泉、韵磬者也。性不喜琴兼筝声，惟二宠妓曰秀奴、七七，皆聪慧善琴，兼筝与歌，时令奏之。自撰琴谱。

唐代李绰《尚书故实》亦有载：

李汧公取桐孙之精者，杂缀为之，谓之百纳琴，用蜗壳为徽，其间三面尤绝异，通谓之响泉、韵磬，弦一上可十年不断。

官方正史、野史笔记均称李勉“雅好琴”，又善制琴，其所制作的古琴响泉、韵磬，皆为中国古代名琴，享誉后世。宰相如此风雅之举，深深影响着儿子李约。

李约追慕父亲之风雅，以至行雅操知名当时，雅好书、画、诗、琴、酒、茶，书法精楷隶，画善工梅花，琴道、诗调、酒德皆称高绝，尤嗜茶，精通茶艺。集众多雅艺于一身，在唐代士大夫中极为罕见。

对李约的雅人雅操，唐人评价甚高。赵璘《因话录》称其“雅度玄机，萧萧冲远，德行既优，又有山林之致”；李绰《尚书故实》亦说他“识度清旷，迥分尘表”；温庭筠《采茶录》则称其“一生不近粉黛，雅度简远，有山林之致”。如此风雅之士，风流倜傥，其雅事颇多。据李肇《唐国史补》卷中载，南朝梁武帝广建寺庙，令当时的大书法家萧子云题写匾额。萧子云飞白书堪称一绝，几经沧桑，到唐代萧子云的墨迹存世不多。李约在江南偶尔发现一幅萧子云用飞白书书写的大字“萧”，如获至宝，便不惜倾家荡产购下，租船从江南带回洛阳后，专门建造一亭以珍藏，号为萧斋，时时面对萧子云墨迹，把盏赏玩，时人传为雅事佳话。

李约的德行尤为世人称颂。据李绰《尚书故实》载，有一次，李约乘船外出，途中与一位西域胡商的船相遇，胡商病重在身，久闻李约美名，诚恳地邀李约相见，将两个漂亮女儿托付给李约，又将自己万贯家财交给李约。面对胡商如此信任重托，尽管素昧平生，萍水相逢，李约还是欣然答应。胡商的两个女儿长得俏丽迷人，为绝色佳人，李约受人之托，不乘人之危，对两个佳人没有一点邪心，并且百般呵护。胡商病故后，李约将胡商数万财宝一一清点造册，全部送到官府保管，又请官府为胡商两个女儿寻找婆家。

胡商财宝之中有一稀世至宝夜光珠，夜晚清光四射，几照人面，李约怕这稀世至宝丢失，在为胡商敛葬时，亲自悄悄地放在胡商口中，没有人知道。多少年后，胡商的家人远道而来清理财宝，发现独少了夜光珠，李约便请官府和胡商的家人一起发掘胡商墓，取出夜光珠，完璧归赵。世人对此赞叹不已。李约面对美女珠宝不动心，不负胡商重托，尽心处理安排胡商后事，算是胡商慧眼识人，李约这高尚的德行，能不令人称颂吗！

赵璘是唐德宗时宰相赵宗儒的侄孙，昭应尉赵伉的儿子，其母柳氏为关中贵族，柳氏之叔曾祖姑为唐玄宗柳婕妤。赵璘家世显赫，中外（同姓亲属和外姓姻亲）均为朝廷显贵，自己又做过皇帝的近侍，故多识朝廷典故，娴熟官宦旧事。李约曾与赵璘之父赵伉在浙西时居处相接，因钦慕赵伉的操行和诗韵，两人交情最深。李约的姨妹韦氏又嫁给赵璘的叔父。赵璘经常听家中长辈说起李约逸事，对李约的风格容仪，赵璘推崇备至，称赞李约“夷冲仙也”，所以在《因话录》中记叙了许多有关李约的奇闻逸事，其中卷二则云：

兵部员外郎约，汧公之子也。以近属宰相子，而雅度

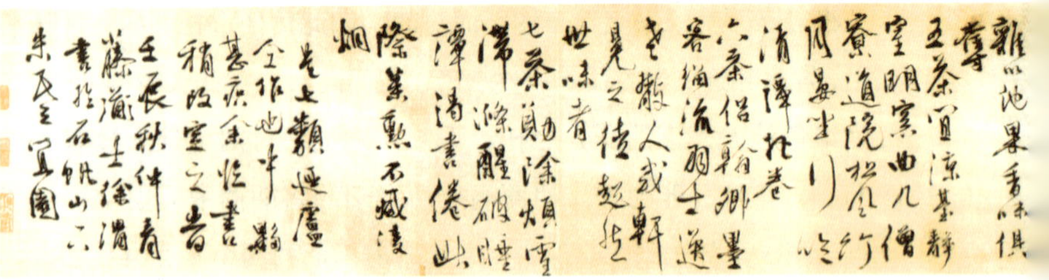

玄机，萧萧冲远，德行既优，又有山林之致。琴道、酒德、诗调皆高绝，一生不近粉黛，性喜接引人物，不好俗谈。晨起草裹头，对客蹙融，便过一日。多蓄古器，在湖州尝得古铁一片，击之清越。又养一猿名山公，尝以之随逐。月夜泛江登金山，击铁鼓琴，猿必啸和。倾壶达旦，不俟外宾。

从这则记载，可以想见李约其人之雅，其操之雅，其事之雅。最为赵璘称道的是李约嗜茶的逸事。

在李约生活的年代，茶已悄然进入士大夫生活中，文人雅士开始把茶作为一种雅事，竞相崇尚。李约颇有点领导时代新潮流，一生以茶为伴，如痴如醉。他一生没有婚娶，也不治生业，唯独对茶迷恋最深，赵璘称他“天性惟嗜茶”。他善于辨茶鉴水，擅长煎茶品饮。唐人煎茶是先将饼茶碾成茶末，加工过程分炙、碾、罗三道工序。炙即烤茶，烤干饼茶中水分逼出茶香，炙烤过后开始碾茶，碾碎的茶末还要罗，罗也就

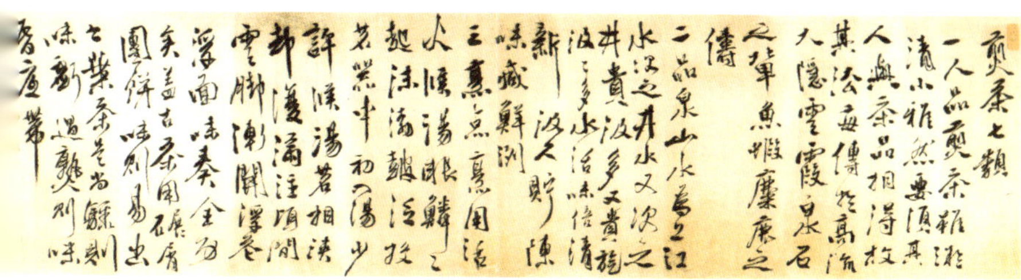

明代　徐渭草书《煎茶七类》

此文共七论，统称『煎茶七类』。徐渭曾自跋云：『是「七类」乃卢仝作也……稍改定之。』由此可知，原作者为卢仝。全书250字左右，分为人品、品泉、煎点、尝茶、茶宜、茶侣、茶勋七则。

是一种用细纱做成的筛子，罗后的茶末屑如细粉。茶饼经过炙、碾、罗三道工序后，变成极细的茶末，才能投入釜中和水煎煮。李约精通煎茶，技艺过人，炙、碾、罗、煎无不娴熟自如，总是亲自动手操作，从中享受着一种怡然自得的乐趣，并总结出经验之谈，他说："茶须缓火炙，活火煎，活火谓炭火之有焰者也。"这是他一生嗜茶的亲身体会，深得茶艺之三昧，成为历代品茶煮水的座右铭。宋代苏轼茶诗中"活水还须活火煎"，"贵从活火发新泉"，信奉的就是李约的茶经。

唐人煎茶包括煎水和煮茶两道工序，饮茶用水选择上品，具体煎饮时，水煮到何种程度，唐人十分讲究，把煎水适度与否叫"汤候"。鉴别"汤候"的标准，一是看水面泡沸的大小，二是听水沸时的声音大小。李约非常精通煎茶，并总结了整个煎煮过程，归纳为"三沸之法"。他这样说道：

> 当使汤无妄沸，庶可养茶。始则鱼目散布，微微有声；中则四边泉涌，累累连珠；终则腾波鼓浪，水气全消，此谓老汤。三沸之法，非活火不能成也。

这种煎茶三沸之法，就是煮茶的全过程，唐人诗中多有咏赞，如皮日休《煮茶》诗中云："香泉一合乳，煎作连珠沸。时看蟹目溅，乍见鱼鳞起。声疑松带雨，饽恐生烟翠。"说的就是煎茶三沸之法。李约三沸之法，与陆羽《茶经·五之煮》中提出的"三沸"说如出一辙。陆羽说："其沸，如鱼目，微有声，为一沸；缘边如涌泉连珠，为二沸；腾波鼓浪，为三沸。"足见李约谙于茶艺，不愧为茶道高手。

李约无心仕途，弃官遁世，居家之日，喜欢煎茶饮客，每逢客人来访，便亲自煎水煮茶，请客人和他一起品茗清谈，从不限制喝茶的杯数，有时好茶共享，一饮就是一整天，而李约则是“竟日热火，执持茶器弗倦”，真是煮茶兴浓，乐此不疲。李约在为官时，曾奉使来到陕州硖石县东，这里有一清泉，水质清冽，水味甘甜，李约取水煎茶，经过一番品茗试水，兴奋不已，连声称赞好水，迷恋上这一水清流，天天临水煮茶，品茗赏水，竟一连十日忘记了还有公务在身，如此茶痴，在唐代实不多见。晚唐诗人温庭筠也是个嗜茶诗人，曾作《采茶录》记茶人茶事，其中亦重点记叙了李约茶人茶逸闻。后世史籍茶书也多记李约茶人茶事，宋代李昉《太平广记》、明代夏树芳《茶董》、程百二《品茶要录补》、万邦宁《茗史》、清代陆廷灿《续茶经》均有记载。这正是：高人生性惟嗜茶，德行雅操世推崇。

茶中之道

中国古代的文人名士大多爱茶嗜茶，其中像王安石等深谙茶中之道的人也不在少数，如果为这些人排排顺序的话，生于1130年，有孔子之后中国最伟大的思想家、教育家和哲学家之美誉的朱熹无疑应该名列前茅。这位与王安石处在同一朝代的思想大师品茗道行之深前所未有，可以说他是第一个从茶中品出理学精髓的名士。

朱熹字无晦，号晦庵，别称紫阳，为徽州（今属江西）人氏，1148年得中进士，授泉州同安主簿，后历任枢密院编修官、知南康军、提点江西刑狱公事、秘书阁修撰、江东转运副使、知漳州、焕章阁侍制等职，是北宋著名的理学大师。朱熹的理学思想孕育、形成、发展在盛产名茶的武夷山，他曾经在此生活、著书、教学50余年，以全部心血著书育人，集孔子以下学术思想之大成，形成了独具

明代　郭诩绘《朱熹像》

朱熹，原籍徽州婺源县（今中国江西婺源县）。行五十二。谥文，又称朱文公。理学集大成者，尊称朱子。朱熹是程颢、程颐的三传弟子李侗的学生。曾于建阳云谷结草堂名『晦庵』，在此讲学，世称『考亭学派』，亦称考亭先生。宋高宗绍兴十八年（1148年）进士，历高宗、孝宗、光宗、宁宗四朝。生三子：朱塾、朱野、朱在；女五人。庆元六年庚申（1200年）三月初九午时病逝于建阳考亭之沧州精舍，寿71岁。嘉定二年（1209年）诏赐谥曰『文』（称文公），累赠太师，追封信国公，后改徽国公，从祀孔子庙。

一格的朱子理学，并使之成为古代中国理学之正宗。

朱熹生在一个嗜茶世家，其父朱松爱茶成癖，曾写出过“仿佛三生玉川子，破除千饼建溪春。唤回窈窕清都梦，洗尽蓬蓬渴肺尘”的诗句。受父亲的影响，朱熹在武夷山创办学院期间，也把品茗怡性当作一件不可或缺的事务。他曾在建阳县（今为建阳市）茶坂构筑草堂三间，躬耕田亩，种茶自娱。由他亲手培植的茶树，被人称为“文公茶”，为武夷山名茶之一。

身为一代宗师，朱熹嗜茶已不只在饮，品其味、透其神、以茶修德、以茶明伦、以茶寓理才是他植茶品茗的真意。朱熹生活的建安（今福建建瓯市）凤凰山麓北苑为御茶园，盛产大小龙团、凤团、密云龙、瑞云祥龙、三色细芽、银线水芽等贡茶，被称为腊茶，即建茶，有北苑茶甲于天下之说。而与此相对应，江南民间所产的各种茶类则被统称为江茶，即草茶，其身份与建茶自不可同日而语。针对两种茶的不同，朱熹在《朱子语类 · 茶说》就有过“建茶如中庸之为德，江茶如伯夷叔齐”的论述。在朱熹之前，一位叫张钦的名士在他所著的《南轩集》中把草茶比作草泽高人，把腊茶比作台阁胜士。朱熹认为这种对比法只是简单的对茶的品味的对比，没有抓住茶道的基本精神。他遵循孔子“中庸是最高的道德标准和道德境界”的思想，按照唐代陆羽在《茶经》中提出的以“和”为哲学基础，以精行俭德为道德核心的茶道精神，从茶中悟出了“中庸之道”的理学精髓。在《朱子语类 · 杂说》中，朱熹深入浅出地谈茶论理，通过饮茶品茗的过程来阐述“理而后和”的茶道要义，认为只有“行之各得其分”，才能真正体悟到“至和”的甘甜和怡悦。这种从生活琐事中提炼处世之道理的独到眼光，清晰地体现了朱熹对茶道理解的深刻程度。

朱熹以茶喻理，使其理学思想更加丰满。受朱熹的影响，盛产茶叶的武夷山在之后的许多年间都成为一些著名学者创办学院、传播理学思想的地方。据统计，光是宋元之间，就有43位著名的学者在此开坛讲学，使武夷山成为“三朝（宋、元、明）理学驻足之薮”。在朱熹领悟到理学精髓的武夷圣地，这些智者的思想也不可避免地会沾上一丝茶味。

朱熹作《致彦修少府尺牍》

朱熹此信是写给远在黔州（今贵州）的好友彦修的，即宋代诗人刘珙，字彦修。信中写到，两人已经阔别三年，难免相思之情，朱熹隐居杜门，清静无忧，正好有友要去涪城（今四川绵阳）上任，便托为彦修带上新茶。

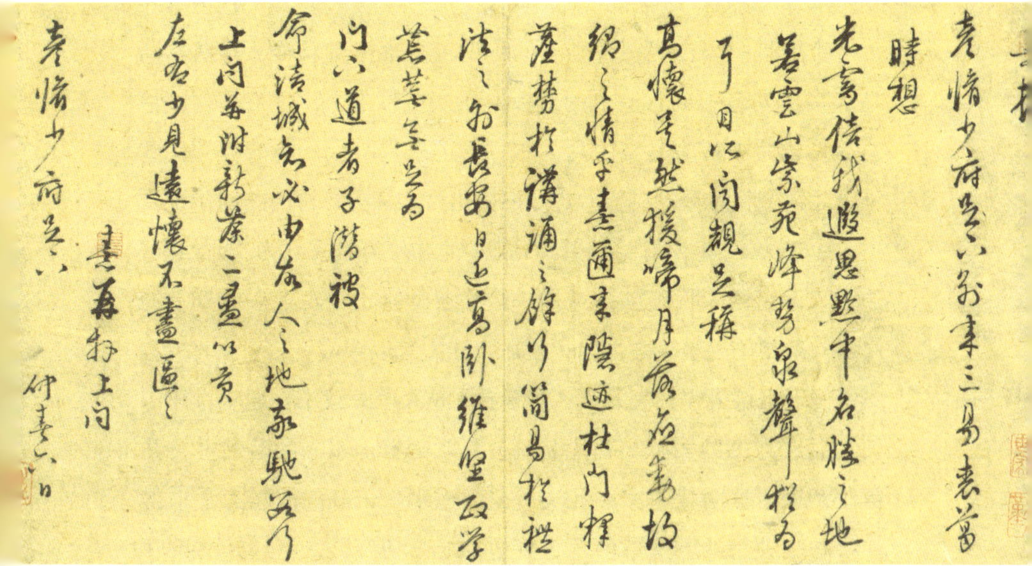

雅韵与俗人

雅士是中国古代一种独有的称谓，行事怪僻风雅、与众不同是众多文人名士刻意追求的目标。在众多雅事中，煮茶品茗，怡情冶性，又被认为是雅中之大雅。为了求得与众不同的雅，一些雅士竟情愿将雅事做到极致，从而生出许多让人惊愕的趣闻传说。

生于1341年，与黄公望、吴镇、王蒙一起被并称为“元四家”的元末著名画家倪瓒就是这样一位嗜茶的雅士，发生在他身上的许多与茶相关的雅事之怪异程度简直让人难以置信。

倪瓒祖籍无锡，字元镇，号云林，从小喜好读书，通晓音律，长大后成为书画大师，一代名流，喜欢寄情山水，品茗怡性，并精于茶道。据明代茶家顾元庆《云林遗事》记载，倪瓒为了求得一种香味独特的上好茶叶，曾特地在旭日初升时，将选好的茶叶放入池塘含苞初绽的带露莲花瓣中，然后用麻线将莲花绑好，经过一夜自然熏染，次日清晨再将吸取莲香的茶叶取出，在太阳下晒干。这样反复操作多次，倪瓒终于得到了一种清爽怡神的新茶种，并取名为“莲花茶”。这种带有莲花香味的茶叶一经问世，就得到了众多饮茶之士的赞赏，其独特的制作方法还被收进了《茶谱》一书，得以广泛传播。倪瓒嗜茶成瘾，

清代　徐璋绘《倪瓒像》

南京博物院藏。倪瓒，字元镇，号云林子、幻霞子、荆蛮民。元代画家、诗人。『元四家』（倪瓒、黄公望、王蒙、吴镇）之一。倪瓒善画水墨山水画，创造『折带皴』，是平远画法的典型。倪瓒好饮茶，特制『清泉白石茶』。宋朝贵族遗少赵行恕来访，倪瓒用此等好茶来招待他，赵行恕却觉得此茶不怎么样，倪瓒很生气，道：『吾以子为王孙，故出此品，乃略不知风味，真俗物也。』遂与之绝交。

几近成癖，对煮茶用水的讲究前所未有。他住在太湖边上，却从不用湖水烹茶。有一次倪瓒茶瘾犯了，便让仆人到很远的山上汲取七宝泉水。仆人辛辛苦苦挑水回来，他二话不说，先将担子后边水桶中的水倒入盆中，开始洗起脚来。问其原因，竟然是：“前一桶水不会沾上脏东西，所以可用来烹茶，后一桶水也许已被挑水人的屁气所污，因此只能用来洗脚。”如此荒唐的想法和做

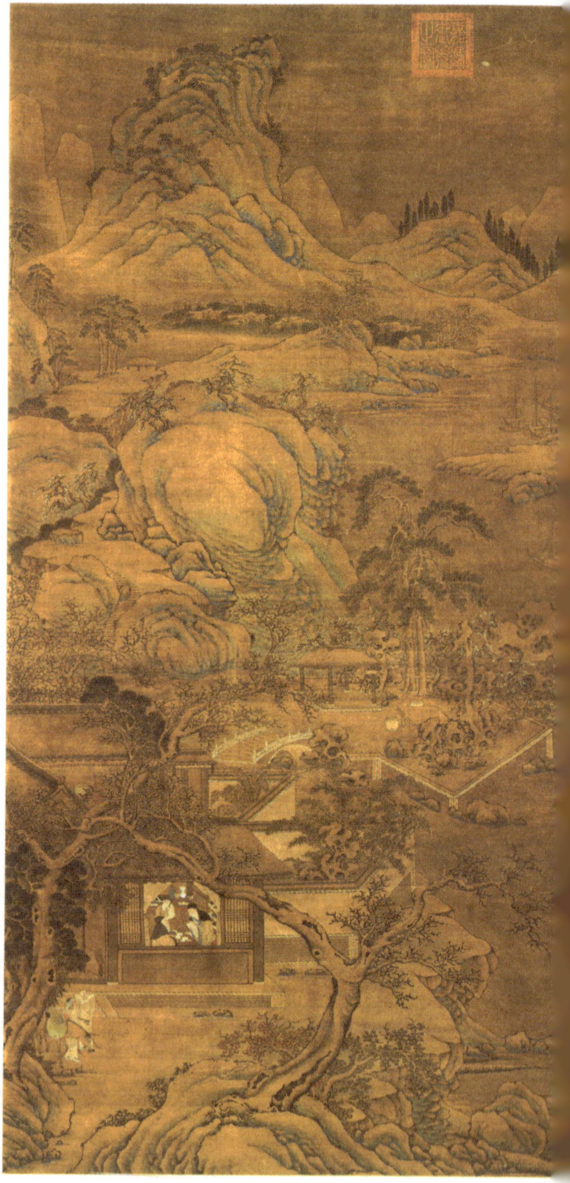

元　佚名《寒林茗话图》

该图描绘冬末初春之际，几位好友于房屋中品茗清谈的场景。庭院中白梅点点，室内宾主尽欢，表现出古代雅士的闲逸生活。

法，也亏他能想得出来。

除以上趣事外，《云林遗事》还记载了倪瓒的另一则茶事，说的是倪瓒在无锡惠泉边居住时，曾别出心裁地发明了一种叫“清泉白石茶”的饮品，这种茶是用惠泉水将上好的茶叶烹成茶汤，然后再用核桃、松子肉及一些真粉做成园林假山一样的盆景，置于茶汤之中，饮用时清香爽口，意趣十足，一时间名声大噪，引得无数茶客前来品饮。在当时的无锡，有一位叫赵行恕的南宋宗室后裔，他听说倪瓒不但擅于作画，精通音律，还烹得一手好茶，便特地上门拜访。倪瓒得知赵行恕为宗室王孙之辈，认定其必是雅好清致之流，便热情相迎，将赵行恕请至上座，唤童子立刻奉上精心烹煮的“清泉白石茶”，准备宾主共品盏中佳茗，感悟明泉之清。不料茶盏刚刚奉上，倪瓒便大吃一惊，赵行恕根本不是想象中的品茗雅士。他像平常口渴时喝大碗茶似的大口连饮，眼睛还不时盯着盏中的假山怪石，似乎想把这一切全都吞下。倪瓒见一番盛情雅意换得如此结果，心中顿生不悦，斥道：“我以为你是皇室宗亲，懂得品茗的情趣雅韵，才取出这清泉白石茶来款待你，谁知你只是俗物一个。”说完便离席逐客。赵行恕这时也感到自己有些失态，只好低头离去。此后，倪瓒竟因此事坚决不与赵行恕来往，两人的交情至此为止。茶道高手的一番雅兴，就这样被一位不识茶之韵味的粗俗之士彻底败掉。从倪瓒求雅求到极致的行事风格推断，这个赵姓皇室后裔的行为恐怕会让他的胃口倒上一段时间了。

唐伯虎的茶缘

在元明两代颇具盛名的画家倪瓒品茶所求的是一番雅韵，他饮茶的乐趣已不仅仅在茶味本身，更在于一种在品饮过程中自我陶醉的意境。在倪瓒之后，明代另一位爱茶的名士唐寅则大大不同，他也嗜茶，但决不似倪瓒那样嗜得烦琐，对于唐寅来说，能品出茶中的趣味便足以让他尽兴。

爱茶的唐寅字伯虎，号桃花庵主、六如居士等，是中国历史上知名度最高的画家之一，有关他的故事在民间广为流传，几乎妇孺皆知。唐寅才华横溢，诗书画皆佳，同时还能作曲，他是“吴门画派”的杰出代表，与祝允明、文徵明、仇英、周文宾等人相交甚密，为著名的明代吴门四才子之一，同时也是绘画史上赫赫有名的明四家之一。身为一代名士，唐寅一生爱茶又喜酒，闲来品茶、愁来饮酒，是他对生活的基本态度，从茶中寻得慰藉与乐趣、借茶诗茶画托物抒怀，是他最喜欢做的事情。

祝允明是唐寅相交多年的诗友，有一次，他到唐寅家做客，刚要进门，被唐寅伸手拦住。原来唐寅刚作了一首诗谜，正想跟谁斗斗，祝允明恰好赶到。唐寅先吟出了“言有青山青又青，两人土上看风景。三人牵牛少只角，草木丛中见一人”四句诗句，让祝允明当场说出谜底，否则不可进入。祝允明听后思索片刻，推开唐寅拦门的胳膊，大步闯进屋子，让唐寅马上奉茶。唐伯虎见状，立即奉上香茶一杯，对祝允明连连拱手，说道：“我还想难为你一番呢，没想到一下子就被猜中了，能不能说说你理解的意思？”祝允明说：“青字旁边加言，是一个请字；土字上边加两个人，是一个坐字；三人牵牛少只角，是个奉字；草木丛中见一人，是个茶字。四句诗连起来，正好是请坐，奉茶。”唐寅听了解释，不由哈哈大笑，说：“真不愧为谜界高手，我只有佩服的分儿了！”

唐寅生性喜好游玩，曾经做出过倾囊买船、怀揣茶饼游览太湖的壮举，由此可见其游兴之高。除了独自游玩，唐寅还喜欢同朋友一起欣赏山水。一天，他和祝允明等人结伴游览泰顺，一路上大家吟诗作赋，兴致高昂，不觉已到中午。几个人商议一番，决定先找家酒店，填饱肚子再说。酒足饭饱之后，大家都有些昏昏欲睡的感觉，见此情景，唐寅立刻吩咐店家奉上香茶，借以提神。四碗清茶端上桌子，祝允明忽然提议大家以品茗为题，各自吟诗一句，联成一绝。对此建议唐寅马上附和，首先吟出了“午后昏然人欲眠”的佳句，接着是祝允明续的“清茶一口正香甜”，

清代　华嵒绘《唐寅像》

唐寅，明代著名画家、文学家。字伯虎，又字子畏，以字行，号六如居士、桃花庵主、逃禅仙吏等。『吴中四才子』之一，在画史上又与沈周、文徵明、仇英合称『明四家』或『吴门四家』。唐寅作品以山水画、人物画闻名于世。嘉靖二年（1523年）去世，葬在桃花坞北，身后仅遗一女。他喜茶，有《事茗图》《品茶图》传世。

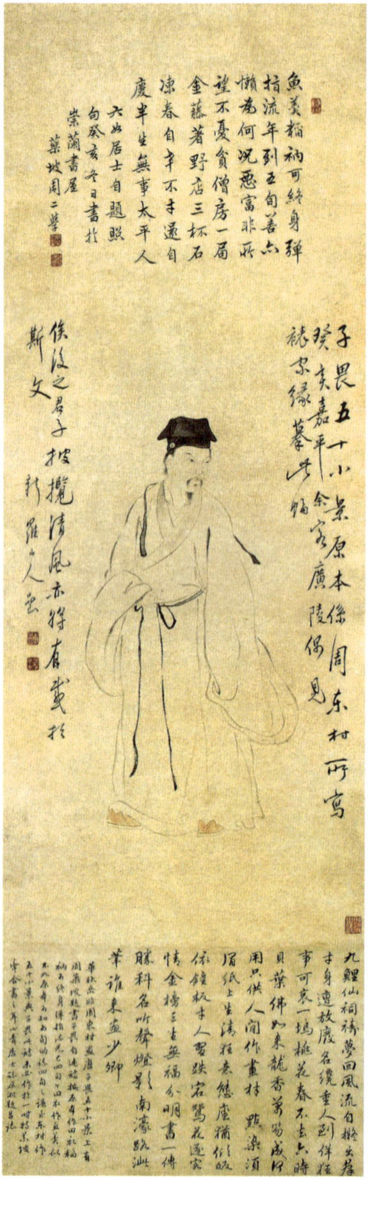

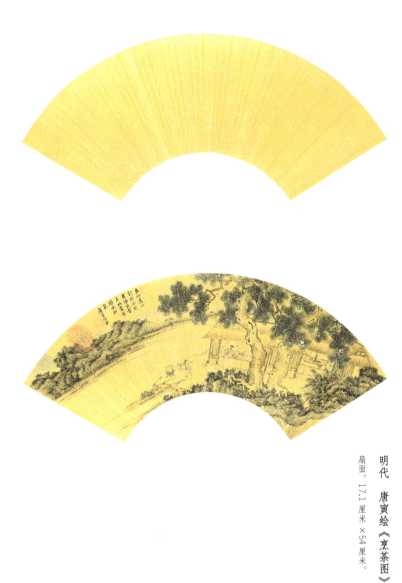

明代 唐寅绘《烹茶图》

扇面。17.1 厘米 ×54 厘米。

第三句则是文徵明接的“茶余或可添诗兴”，最后，周文宾以“好向君前唱一篇”做了结尾。四句诗词吟咏完毕，唐寅等四人睡意全无，兴致一下高了起来。唐寅拿出纸笔，将全诗当场写出，送与店家挂起。凭着这首趣味十足的茶诗和四位作者的名，店家的生意一下子火了起来。

身为画坛巨匠，唐寅的茶缘不可避免地会同画作联系到一起。唐寅一生创作了许多茶画，这些茶画或于山间清泉之侧烹茶鼓琴，或与茶友古亭赏景品茗，或于江畔独自举瓯品饮……画面内容与

画家的心志融为一体，反映了画家不求仕进、寄迹山林、瀹饮闲居的生活情趣。《事茗图》中品茗弹琴的惬意，《品茶图》中一老一少的闲适，《烹茶图》中飘逸洒脱的意境，《慧山竹炉图》中散淡之间的情趣等，无不体现了唐寅对饮茶之举的认知和感悟。除以上画作外，唐寅创作的以茶为题的画作还有《煎茶图》《卢全煎茶图》《斗茶图》和《煮茶图》等，所有这些都是中国古代画作中不可多得的精品。

明代 唐寅绘《琴士图》（局部）

第四节　茶中的禅道

禅师道一以茶论道，终使居士庞蕴顿悟，茶在其中发挥的作用不可小视。由这件公案可以看出，从茶中体味禅机，借茶悟道的参禅方法，在唐代时已被参禅者广泛接受……

道一论道

自古以来，茶道与禅道便有着密不可分的关系。因茶可醒智提神，帮助消食，抑制性欲，很适合禅者静坐、敛心，参禅悟道，所以很早以前就被佛门弟子视为修行时的最佳饮品。中国古代有记载的最早饮茶的僧人出现在东晋，《晋书·艺术传》中说，“敦煌人单道开，不畏寒暑，常服小石子，所服药有松、桂、蜜之气，所饮茶苏而已。”单道开曾在东晋时的邺城昭德寺坐禅修行，他所饮用的掺有多种果品的那种叫茶苏的饮料正是当时最正宗的茶汤。自单道开始，僧人与茶便结下了不解之缘。到唐代，由著名僧人皎然最先提出的品茶与悟道相结合的茶道一说逐渐被人接受，诸多以茶喻道的禅宗公案开始流行于世，其中以唐代居士庞蕴与马祖道一禅师的论道典故最为著名。

庞蕴的祖籍为湖南衡阳，字道玄，一生潜心参禅，是一位热衷禅道的居士。804 年至 820 年间，庞蕴曾带全家移居湖北襄阳，躬耕于鹿门山下，故被后人称为襄阳居士。据南宋普济编纂的《五灯会元》卷三记载，庞蕴为悟得禅旨，曾专程去向当时最有名的高僧道一禅师请教。在道一的禅室，庞蕴先谈起他之前向另一位叫石头的禅师问禅的经历，说他以“不与万事万物为伴侣的是什么人”向石头讨教，石头禅师听到问话后不作回答，竟然伸手遮掩他的嘴巴。庞蕴说：“我有些不解，想跟道一禅师请教，不知石头禅师的意思究竟是什么。”道一听了面无表情，端起茶盏轻轻啜上一口，同样不予回答。庞蕴停了一停，又问：“那么，不与万事万物为伴侣的是什么人？”道一端起茶盏，轻轻品饮一口，缓缓说道：“等你一口吸尽西江水，就对你说。”庞蕴沉思片刻，笑了，说道：“原来如此，我终于明白了。”

庞蕴与道一论道说禅，问答之间玄机重重，似乎很难理解。事实上他们所问所答都只是禅宗论道的表现形式，不能从现实中求得解释。庞蕴在此提出问题的意思是：唯一绝对的境界到底是个什么东西。而道一回答的“一口吸尽西江水”这样的句子也不能按字面上的意思去理解。在道一的意念中，一碗茶水就如西江之水，包孕着天地乾坤，如果能一口喝尽一碗茶，世间万物便尽在胸中，当然也就领悟到了禅旨。如果硬要把道一禅师的回答解释一下，大概的意思是说：将西江水这个包孕了人世间一切相对之物一口吞掉，超越困扰人世的利害、得失、大小、是非等相对世界，不再为任何一件世俗的小事喜忧或烦恼，你才能领悟到绝对的世界，也就是禅宗所说的凌驾在一切相对事物之上的“无”的境界。只有领悟了“无”的境界，认识到世界“本来无一物”，

《灵昭女图》

97.6厘米×37.2厘米。唐代禅门居士庞蕴的女儿。庞蕴被誉称为达摩东来开立禅宗之后『白衣居士第一人』，素有『东土维摩』之称。据传，庞蕴与家人谈到学佛的难易，庞灵昭答：『也不难，也不易，饥来吃饭困来眠。』

才能进一步认识“无一物中无尽藏，有花有月有楼台”的禅宗真境。庞蕴顿悟的禅旨正在于此。

禅师道一以茶论道，终使居士庞蕴顿悟，茶在其中发挥的作用不可小视。由这件公案可以看出，从茶中体味禅机，借茶悟道的参禅方法，在唐代时已被参禅者广泛接受。茶是一种客观物质，但通过品茶者的体验，这些看得见、闻得到、品得出的茶汤，就可以变为看不见、摸不着的“内心清静”的感受，这一切正是参禅者所追求的从“有”到“无”的最高境界。

赵州高僧『吃茶去』

庞蕴与道一以茶喻道，其中的玄机不言而明，二人参禅论道的典故也因此得以在禅者中间广为流传。实际上在茶风兴盛的唐代，以茶悟道的僧人远不止道一，另一位颇受后人推崇的高僧从谂也是这样一位以茶喻道的高手。

从谂俗姓郝，世称赵州和尚，为唐代曹州郝乡（今山东曹县一带）人。他幼年出家，曾南下参谒南泉普愿禅师，学到南宗禅学的精髓，并凭借自己的悟性使其得以发展。从谂得法之后的大部分时间都住在河北赵州观音院，因而被后人称为“赵州古佛”。身为中国禅宗史上有名的禅师，赵州和尚的言行超常怪僻，很为常人所不解。他声称的“佛是烦恼，烦恼是佛”的禅语在当时风行一时，成为参禅者经常谈论的法言。据南宋普济编纂的《五灯会元》记载，有一次赵州和尚与朋友游园，看到一只兔子受惊逃走，朋友借机问道：“和尚是大善之士，兔见为甚么走？”他回答说：“老僧好杀。”又有一次，一位参禅者问他：“曾闻和尚亲见南泉，是否？”他答曰：“镇州出大萝卜头。”来者不解其意，进一步问道：“万法归一，一归何所？”他听了不加思索，便以“老僧在青州作得一领布衫重七斤”作了回答，让人听了更加不知所云。除以上法语之外，赵州和尚与一位尼姑的一番对话更令人惊奇。曾有尼姑问他：“如何是密密意？”他竟用手掐了尼姑一下，尼姑说：“和尚犹有这个在！”他却说：“却是你有这个在。”

赵州和尚的言行如此古怪离奇，当然非常理所能解释。以离谱的言行阐述禅道，是马祖禅师之后很多参禅悟道者追求的修行之

赵州禅师

选自《古佛画谱》。法号从谂，禅宗六祖惠能大师之后的第四代传人。在赵州受信众敦请住在观音院，弘法传禅达40年，僧俗共仰，为丛林模范，人称『赵州古佛』。

道。他们认为，禅宗应以机锋触人，机锋讲究以口应心，随问随答，不假修饰，自然天成。在历史上流传甚广的“吃茶去”就是以这种理解为根本衍生出的一则公案。“吃茶去”的典故也出自《五灯会元》。一天，赵州观音寺内来了两位僧人，赵州和尚问其中一僧道：“你以前到禅院来过吗？”僧答：“没有。”赵州吩咐：“吃茶去。”接着又问另一僧：“你以前来过吗？”僧答：“来过。”赵州又说：“吃茶去。”院主不解地问：“师长，为什么到过也说吃茶去，不曾到过也说吃茶去？”赵州没有直接回答，只是高喊了一声：“院主。”院主马上应诺道：“在！”赵州和尚接着说：“吃茶去！”

无论是对新入院的僧客，还是已经来过院内的僧客，赵州和尚都一律请他们吃茶，这“吃茶去”三字看来真是迷雾重重，难以理解了。实际上对此大可不必过于在意。在禅者看来，以不变应万变，随心所欲地回答，才是正确的，而针对问题做出符合逻辑的直接回应反而是“参死句”“执着”，不符合禅宗的真谛。在这里，赵州和尚对曾经到过的僧人和未曾到过的僧人，对已了悟的人和未了悟的人，同样请他们“吃茶去”，此时的“吃茶去”已非单纯日常意义上的生活行为，而是借此参禅与了悟的精神意会形式，采用一种非理性、非逻辑的手段使人顿悟的钥匙，理解了其中的真意，也就达到了心灵自由、物我两忘的理想境界。

赵州和尚以“吃茶去”释禅论道，可见其爱茶之深。煮茶品茗如果没有在他的生活中占有重要的位置，就绝不会在物我两忘、心灵澄空的境界中顺手将茶拈来，也不会有这则禅意深奥的公案。“吃茶去”既能使禅者顿悟，当然也就有足够的理由让茶者自傲了。

谦师妙手点茶

中国的好多名茶都产于名山之中，而名山之中又多有名寺，自然而然，饮茶便成了寺中僧众的必修之课。因为这个原因，古代中国的佛门中人大多与茶的渊源颇深，除了以茶喻道，借茶悟禅，他们点茶品茗本领之高也同样让人叹为观止，北宋高僧谦师就是这样一位将茶艺发挥到极致的茶界高人。

谦师曾在龙井茶产地杭州南屏山上的净慈寺内修行，是当地闻名遐迩的点茶高手。在当时的杭州，许多名士都把观赏谦师精湛的点茶技艺，亲口品尝谦师煎煮的茶汁当作一件十分荣耀的事情。这些文人雅士中，也不乏在中国历史上都可留下一笔的文豪诗魁，著名的文学家苏东坡就是其中之一。

苏东坡曾两次出任杭州知州，他第一次到杭州赴任时，便专程前往西湖之滨的南屏山净慈寺拜谒谦师，并与其结下了深厚的友谊。苏东坡每次来到寺中，谦师总要取出珍藏的上等好茶，精心地碾成茶末，再细心调成茶膏，然后一手执瓶，一手执匙，一边注水，一边击拂，以娴熟和谐的动作和快慢有序的节奏旋转打击，煮水烹茶。转眼之间，茶盏中的茶汤乳雾涌起，汤花紧贴盏壁，咬盏不散，一盏色泽鲜白的美味茶汤就呈现在眼前，呈现出了“看君眉宇真龙种，犹解横身战雪涛”的效果。这种被称为“点茶三昧手”的功夫从一开始便给苏东坡留下了深刻的印象，“得之于心，应之于手，非可以言传学到者”便是他品尝佳茗后留给谦师的最恰当的评价。

1098 年，苏东坡因官场失意，再次被贬杭州。这年十月二十七日，他携友上西湖葛岭的寿星寺游玩，仍在南屏山上修行的谦师闻听此讯后特意赶到葛岭，再一次为老友重演了点茶绝技。

南宋　银鎏金花鸟纹茶盏及盏托

器高 5.1 厘米，口径 16.5 厘米。

宋代　刘松年绘《撵茶图》

44.2厘米×61.9厘米。台北『故宫博物院』藏。画中描绘了宋代磨茶、点茶的场景。左前方的仆役正在转动茶磨磨茶，其旁边黑色的方桌上有筛茶的茶罗、贮茶的茶盒、茶盏、茶匙、茶筅等茶具；另一仆役右手提汤瓶，左手执茶盏，看样子准备点茶待客。图中还有正在煮水的风炉、贮水瓮等茶会必备器具。画中有三人，正在进行文事。

现代　侯素平绘《禅茶不二图》

在香气缭绕的禅室之中，谦师将点好的茶汤奉上，二人对坐赏景，品茗赋诗，苏东坡一扫官场失意的灰暗心境，度过了闲适而悠雅的一天。回到住处，被老友真情感动的苏东坡欣然赋诗一首，记下了这次重逢：“道人晚出南屏山，来试点茶三昧手。忽惊午盏兔毫斑，打作春瓮鹅儿酒。天台乳花世不见，玉川风腋今安有。东坡有意续茶经，会使老谦名不朽。”借着苏东坡的名气，这首赞美谦师的茶诗得以流传至今，谦师的点茶妙手也因此被更多的人熟知。

谦师妙手点茶，加深了禅道与茶的联系。他的精湛技艺经苏东坡盛赞之后，被广为传颂。元代诗人张雨在《惠山茶》一诗中写道：“虚名累物果可逃，我来为泉作解嘲。速唤点茶三昧手，酬我松风吹兔毫。”这也是世人对这位禅门弟子最恰当的评判。

叁 茶中趣事

第一节　皇家茶趣

高太后禁造密云龙茶，今天看来应该是一件荒唐的事了。你觉得密云龙茶扰了自己的清静，不把它当作贡品即可，何必要让它绝迹于世上，使别人也品尝不着？实际上这中间透露出的是这样一个霸气十足的信息：世间万物唯皇家独尊，帝王家中无意间的一个想法，便能让一切化为乌有。想想看也是，连茶都如此，何况其他……

车载的富贵

风靡全国的饮茶之风大约盛行于唐代，在此之前，饮茶的习俗只限定在四川和江南的广大地区，北方的认识则相对落后，一直没有形成有规模的植茶饮茶的风气。茶叶从唐代开始盛行的原因很多，但有一条绝对不可忽视，那就是隋文帝杨坚的推崇。

隋文帝杨坚原是南北朝时期北周的大贵族，袭隋国公。581 年，北周政事混乱，他趁机逼迫年幼的周静帝退位，自己当上了皇帝，建立了隋朝。当了皇帝的杨坚基本算是一个开明的君主，他目睹了北周统治者的施政暴行，十分清楚这种行为对国家的伤害，因此当政后首先废除了残酷的刑罚，推广了均田制，使国家的经济逐渐繁荣起来，生产有了很大的发展。为了使大隋朝的江山基础牢固，世代相传，杨坚还时时告诫自己谨慎处理政事，并大力提

清代　姚文翰绘《隋文帝像》

杨坚，弘农郡华阴（今陕西省华阴）人，隋代开国皇帝，谥号文帝，庙号高祖，在位23年。杨坚于西魏大统七年六月十三癸丑夜（541年7月27日）生于冯翊般若寺，杨坚是西魏随国公、北周柱国、大司空杨忠之子，北周时曾官拜骠骑大将军，又封为大兴郡公，后袭父爵柱国，长女嫁北周宣帝为后，地位显赫。大象三年（581）二月十四日，隋王杨坚『顺应人心』逼迫北周静帝宇文阐让出皇位，于是北周静帝下诏禅让，移居其他宫殿，杨坚便以『受禅』的名义篡位称帝，受册、玉玺，改戴纱帽、身穿黄袍；入御临光殿，改国号为隋，定都大兴。

倡节俭办事，廉政治国，得到了民众的广泛支持。在推行节俭廉政治国方针的过程中，杨坚处处以身作则，决不搞特殊。一次杨坚得了痢疾，太医开出的药方中需要一两胡椒，宫人们寻遍了宫中的每一个地方，竟然都没有找到——因为杨坚曾经说过，可用可不用的东西就尽量不用，所以谁都没有储存这种本来不算太奢侈的东西。为了给百姓做出榜样，杨坚所用的物品能修就修，决不为了个人的体面而多浪费一两银子。有一年关中逢遇灾年，百姓无粮可吃，就用米糠拌了豆粉充饥。杨坚看到这种情况，就专门让人把这种难以下咽的食物拿来给朝臣们看，并责备自己没有治理好国家，下诏这期间所有的人都不许吃酒肉，以表对百姓体恤之情，从而受到了更多的拥戴。

但就是这样一位以节俭著称的帝王，对待茶的态度却一反常规——他曾经拿出大量的金钱赏赐了一位献茶和尚，其付出之多让人简直难以置信。而让他这样做的原因则是这位和尚用茶治好了他的头疼病。

隋文帝杨坚治头疾的故事最早见于《隋书》中，说有一天夜里杨坚在梦中见到一位神人，这位神人和杨坚交谈之后，竟把他的头骨给换了。梦醒后杨坚便患上了头疾，整天疼痛难忍，苦不堪言。为了治好头疼的毛病，杨坚找遍了朝廷内外的所有名医，却没有一个人能医治成功。有一天，杨坚遇到一位和尚，和尚给他号过脉后，便建议服用茶水治病，还特意拿出上好的茶叶，让宫人快去烹煮。服过和尚的茶水后，杨坚的头疼之症果然减轻了不少，再服几次，病竟然全好了。大喜之下，隋文帝一边让人将茶叶常奉宫内，以便随时饮用，一边下令重赏和尚，赏赐的珍宝

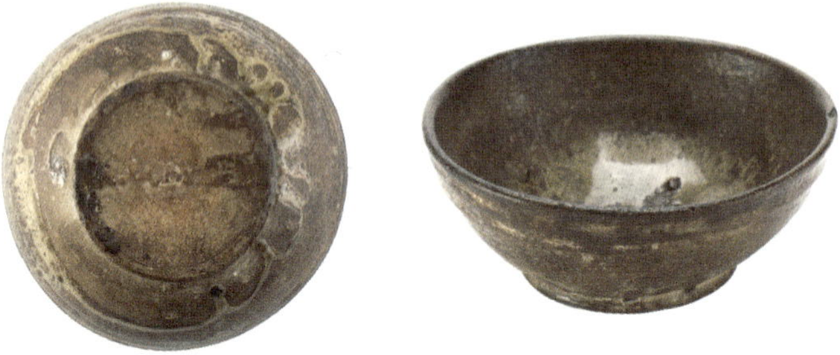

隋朝 茶碗

6.4厘米×16.4厘米。

隋朝 陶杯

6.6厘米×9.0厘米。

竟然得用车载才能带走。和尚送茶有功，得到了车载不动的富贵，也使茶的地位从尴尬的酪奴一跃成为受人尊崇的上等饮品，采掇种植茶叶一时间成为时尚，以至于有了“穷春秋，演河图，不如载茗一车”的说法。其大意是：要想出人头地，取得富贵，与其苦心钻研《春秋》，演绎谶书《河图》，还不如送一车茶叶来得快。由此可见，人们对茶的认识这时已发生了巨变。

凭借隋文帝杨坚的推崇，曾经是水厄代称的茶叶终于得到了最好的发展契机。589 年，晋王杨广率军攻破陈都建康，将陈后主陈叔宝及张孔两位贵妃一并俘获，结束了延续 300 年的南北分裂局面，使各地的饮食习惯和文化风俗迅速得以交融，茶这种嫩绿清爽的饮品也终于得到了向全国漫延的契机。

太后的密诏

在中国茶业的发展过程中，有一种独特的现象，那就是专为朝廷而制的贡茶供应体制。大约公元前 1000 年，巴蜀之地的国王为慰问伐纣的武王，就曾以当地上好的茶叶做贡品，开创了以茶作贡的先河。随着植茶制茶技术的不断发展，贡茶的规模和品质也在不断地提高，而皇家对贡茶的需要又反过来刺激了茶叶种植和制作的水平进一步提升。在北宋时期，已有大龙团、小龙团及密云龙茶等多种茶中极品成为朝廷贡品。在这些珍贵的贡品中，密云龙茶显得尤为突出，这种曾被当时众多官吏追捧的茶中极品不仅色美味香，而且掌握了变脸的绝技。促使它变脸的人物就是历史上有名的宋神宗之母高太后。

高太后的儿子宋神宗曾是王安石变法的支持者，神宗死后，

宋代　苏轼致季常尺牍

此为苏轼致陈慥（字季常）的信函。在信中，苏轼托季常代向另一个朋友王君解释他没有借给其黄居寀画的原因，为表歉意，还特随信送了一饼团茶。在当时，这是很高级的礼品了。北宋中晚期团茶做得非常精致，有大、小龙凤团和密云龙等名品。其中密云龙颇为流行，皇帝曾赐苏轼数饼，苏轼曾写诗：『小团得屡赐，粪土视珠玉。』

團茶

宋蘇文忠公軾書

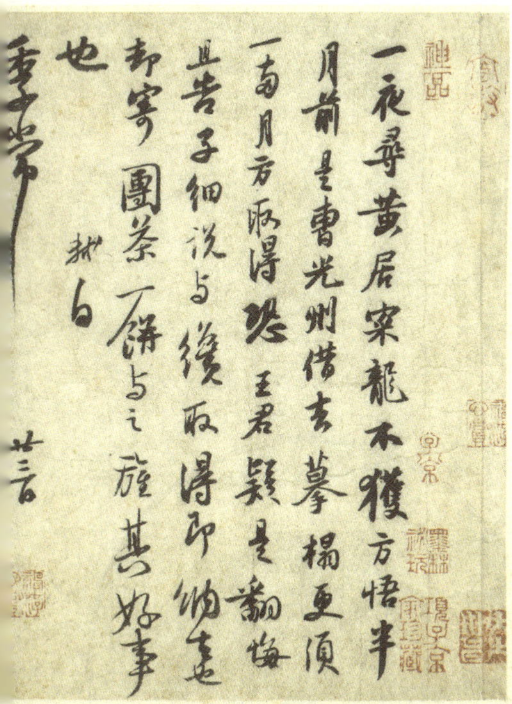

一夜尋黃居寀龍不獲，方悟半月前是曹光州借去摹搨，更須一兩月方取得。恐王君疑是翻悔，且告子細說與，纔取得，即納去也。卻寄團茶一餅與之，旌其好事也。軾白。季常。廿三日。

北宋　定窑牙白划花回纹茶托

此器为典型宋代茶托形制，『形如碗带盘，中空，下有足。』南宋末周密《齐东野语》记载，宋人举茶是茶盏与茶托一起，说明在宋代，茶托是与茶盏配套使用的。根据不同造型及承嵌茶盏的不同方式，宋代的盏托大致可分为托心下凹式、圆柱上凸式、碗形托圈式（含中空式）等。

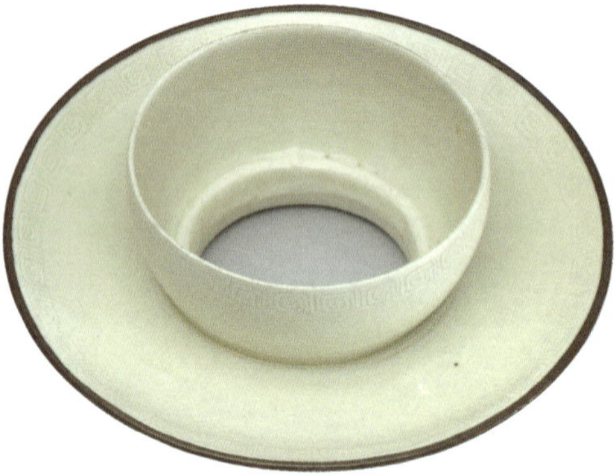

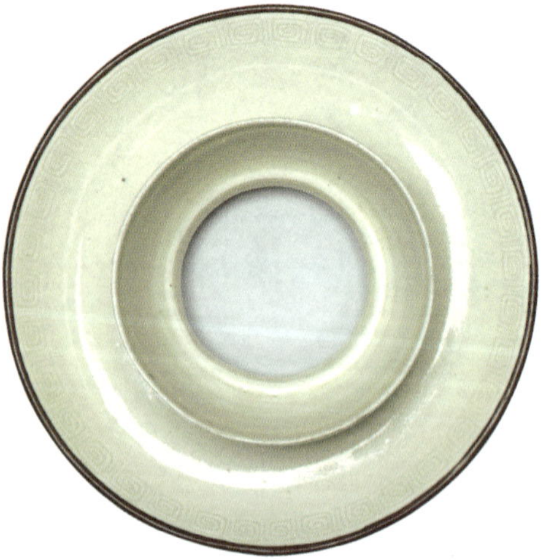

其10岁的儿子赵煦继位，朝廷大权落在了高太后手上。大权在握后，高太后首先起用反对王安石变法的司马光为门下侍郎，让其主持国政，并把恢复祖先法度放到诸多朝事之首。在临政的9年时间里，高太后废除了熙宁（1068—1077年）、元丰（1078—1085年）年间所建的全部新法，贬黜了支持王安石政治主张的诸多旧臣，同时也推出了多项旨在恢复祖先法度的政令条律。让人感到意外的是，在治国安邦、推行政令之余，她还作出了一个与茶密切相关的决定，那就是禁造密云龙茶。密云龙茶是一种比北苑贡茶大龙团、小龙团更为精心采焙制造的名茶，是熙宁年间福建路转运使贾青取小团之精者专供皇上饮用的贡品。因制作过于精细，所得十分有限，从问世起，密云龙茶便成为嗜茶的王公大臣们梦寐以求的珍品。作为每年首批进贡朝廷的贡物，密云龙茶主要用于供奉宗庙及皇上饮用，大臣们几乎极少能得到。也正因如此，皇亲国戚和权贵近臣们才把得到一点密云龙茶当作一件十分荣耀的事情，纷纷厚着脸皮求皇上赏赐，这才有了少量的龙茶走出宫廷，但流行的范围极小。北宋著名文人黄庭坚在其所作的《和答梅子明、王扬休点密云龙》诗中曾言："顾我赐茶无骨相，他年幸公肯相饷。"意思是说自己官小职卑，还没有受赐密云龙的资格，要靠人送上一点才能品尝一下。从此处便可看出密云龙的珍贵来。据说当时的大文豪苏东坡曾得密云龙茶少许，并奉为至宝，从不轻易给人品尝，只有黄庭坚、秦观、晁补之和张耒等少数几人才有幸尝得。但就是这样一种名茶，却忽然落得个被禁的结果，实在是一件无法让人理解的事情。

据周辉的《清波杂志》记载，密云龙茶的被禁是因为乞赐的今草木之微有瓌奇卓異亦必逢時而後出而況為士者哉昔昌黎先生感二鳥之蒙採擢而自悼其不如今蕃于是茶也焉敢效昌黎之感賦姑務自警而堅其守以待時而已

貢新銙
竹圈 銀模 方一寸二分

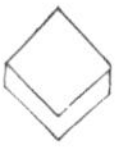

試新銙
竹圈 銀模 方一寸二分

龍團勝雪
竹圈 銀模 方一寸二分

白茶
銀圈 銀模 徑一寸五分

御苑玉芽
銀圈 銀模 徑一寸五分

萬壽龍芽
銀圈 銀模 徑一寸五分

上林第一
竹圈 銀模 方一寸二分

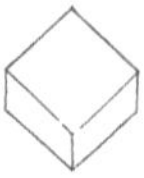

金錢
銀模 銀圈 徑一寸五分

玉華
銀模 銀圈 橫長一寸五分

寸金
銀模 竹圈 方一寸二分

無比壽芽
銀模 竹圈 方一寸二分

萬春銀葉
銀模 銀圈 兩尖徑二寸二分

長壽玉圭
銀模 銅圈 直長三寸

興國巖銙
竹圈 銀模 方一寸二分

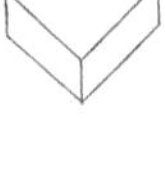

香口焙銙
竹圈 銀模 方一寸二分

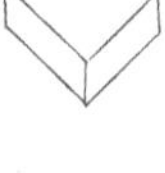

上品揀芽
銀模 銅圈 纔壕按說郛此條脫分寸

新收揀芽
銀模 銅圈 纔壕按說郛此條脫分寸

大龍
銀模 銅圈

小鳳
銀模 銅圈

大鳳
銀模 銅圈

按建安志載銙式有方圓大小式無龍鳳則以竹為圈其製有龍鳳者用銀銅為圈

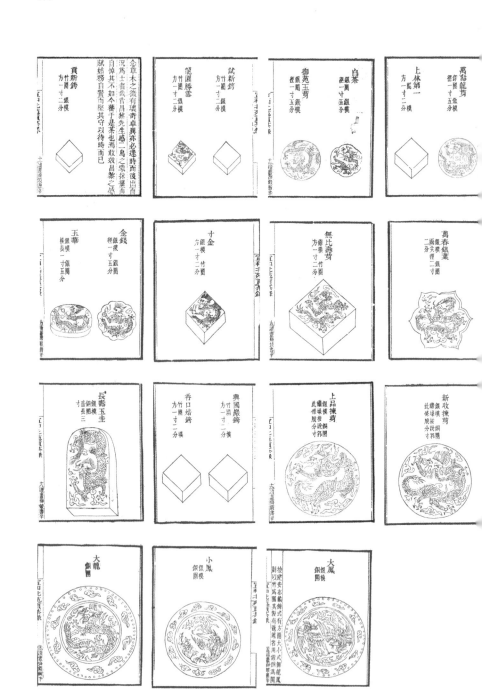

北宋 御茶

选自《宣和北苑贡茶录》。宋，熊蕃撰，熊克绘图。北苑御茶（北苑贡茶）是指宋代贡茶，主产区在古代建安县吉苑里，即今建瓯市东峰镇境内。书中所述皆建安茶园采焙入贡法式。在宋朝，茶叶是对外贸易的一种商品。蔡京为相时，大改茶盐之法。崇宁四年（1105年），撤销各产茶区的购机关（山场），商人在京师或地方领取长短引（运销茶叶凭证。长引，限一年，可行销外路；短引，限一季，只能行销本路，且行销的茶叶数量少）。后直接向园户买茶，再到政府机关缴纳茶息和批引。

人愈来愈多，弄得高太后烦恼不堪，无法招架，便称“人人都拣这些好茶吃了，能生出什么好主意来，干脆不要建州再制什么密云龙了。”一道荒唐的圣旨就此产生。对于高太后禁茶的原因，后人各说不一，清代茶家陆廷灿在其所著的《续茶经》一书中引用《分甘余话》对高太后禁茶的评价认为，她此举完全是从治国的方面考虑，有告诫群臣尽心报国、不要只求安逸享乐的意思。实际上密云龙茶被禁的真正原因根本不必说清，也是无法说清的。但作为一种茶种，密云龙茶当然不会因一句话就从世上消失，不久之后，高太后的茶盏中就添了一种叫“龙焙贡新”的新茶，其制作之细香道之醇较密云龙茶更胜一筹。《清波杂志》还说，淳熙年间（1174—1189 年），每年入贡朝廷的十二纲贡品中，第一纲就是“龙焙贡新”。按周辉的理解，这正是易容后的密云龙茶。

高太后禁造密云龙茶，今天看来应该是一件荒唐的事了。你觉得密云龙茶扰了自己的清静，不把它当作贡品即可，何必要让它绝迹于世上，使别人也品尝不着？实际上这中间透露出的是这样一个霸气十足的信息：世间万物唯皇家独尊，帝王家中无意间的一个想法，便能让一切化为乌有。想想看也是，连茶都如此，何况其他……

朱元璋的妙对

明太祖朱元璋也是一位与茶有缘的帝王中人。清代赵翼所著的《檐曝杂记》中记载有这样一则故事。

一天夜晚，朱元璋读罢经史，毫无睡意，突然心血来潮，换上便服出宫来到国子监，想看看莘莘学子是否在认真读书。他东看看西瞧瞧，走了一圈感到满意，最后来到厨房。当班的厨师不认识皇上，见他走得有些气喘，便端来座椅让他休息，又泡上一杯香茶请他品尝。朱元璋看到茶水青翠凝碧，呷了一口，便觉香醇沁脾，说："此茶青翠芳馨，嗅之醉人，啜之赏心，莫不是顾渚芽茶？"厨师一听，高兴地说："你还真会品赏，这茶正是我家乡吴兴山中明月峡所产。"朱元璋也笑道："我最喜欢顾渚茶，

明太祖半身像

101.6厘米×65.4厘米。台北市『故宫博物院』藏。民间流传着一个关于朱元璋画像的故事。朱元璋称帝后召画师为自己画像，第一个画师把朱元璋画得惟妙惟肖，栩栩如生，朱元璋大怒，把画师推出去斩了；第二个画师把朱元璋画成美男子，一表人才，朱元璋觉得画的不是自己，将第二个画师也杀了；第三个画师揣摩出了朱元璋的心思，将朱元璋的脸型描摹得与真人差不多，其他部位跟着感觉走，朱元璋看了，很高兴，觉得画像满脸仁慈，又不失帝王之威，龙颜大悦，奖赏了第三个画师。那么朱元璋到底长得是什么样子呢？据《明史·太祖本纪》描述，朱元璋『姿貌雄杰，奇骨贯顶，志意廓然，人莫能测』。从这四句模棱两可的话中，后人演绎出许多说法。

听说明月峡所生的茶尤为绝品，今日一啜，果然名不虚传。”朱元璋一边品茗，一边聊天，心中非常高兴，立即命令侍从火速回宫，取来一套华贵的绫罗衣冠，赏给厨师。厨师受宠若惊，慌忙跪地谢恩，连呼“万岁，万万岁”。皇上深夜驾临的消息立即传遍了国子监，官员和贡生们纷纷出来跪拜迎驾。朱元璋的听觉十分灵敏，在一片奉承颂美声中，看到一个贡生在厨师肩上一拍，轻声吟道：“十载寒窗下，何如一盏茶？”朱元璋听了并不生气，信步走到这个贡生跟前，也拍了拍他的肩，笑着吟道：“他才不如你，你命不如他！”

朱元璋正需一杯清茶以解渴休息时，品尝到了他喜欢的顾渚茶，自然龙颜大悦，大概是茶助诗思，便在国子监这帮贡生面前卖弄起诗句来，这饮茶吟诗，正切合了他检阅国子监后的得意心情。朱元璋夜探国子监，为丰富多彩的茶叶传说又添了一道香茗，但他对茶的贡献当然不只是添一则趣事这样简单，下诏废团茶，改贡叶茶（散茶）的举措才是让他名扬茶界的主要原因。

朱元璋在位的明代是中国茶叶发展史上继唐之后的又一个重要时代，明代不仅完成了科学制茶的炒青工艺，还奠定了各种茶类逐渐形成的基础，这是历史的一大进步。朱元璋提倡的散茶不是明人的发明，至少在唐代，就已产生经过加工的散茶，中唐诗人刘禹锡《西山兰若试茶歌》中“斯须炒成满室香”，就点明山僧所制的茶是炒青散茶。但唐宋是以饼茶为主流，散茶只是饼茶制作工艺的省略，尚未形成自己独特完备的生产工艺。元代已出现“重散略饼”的趋势，元代王祯《农书》中针对饼茶说“此品惟充贡献，民间罕见之”，足见饼茶制作到元代已开始降温。王

灯一龛

小斋幽寂。夜雨篝灯。坐对终夕。为戴发僧。

高枕

樊笼解脱。每遇暑昼时。饱食缓行。继以偃息。自欣骨节有少趣。

礼佛

非能雅究三昧。五蕴全空。第奉皈依。以警妄衷。

烹茗

顾渚天池。吴越所尚。中冷惠泉。须知火候。一盏风生。其乐冥如。

明代　孙克弘绘《销闲清课图》

27.9厘米×1333.9厘米。台北『故宫博物院』藏。图中展示的是明晚期文人的闲雅生活方式，内容分别为：灯一龛、高枕、礼佛、烹茗、展画、焚香、月上、主客真率、灌花、竹、摹帖、山游、薄醉、夜坐、听雨、阅耕、观史、新笋、洗研、赏雪。从图中可能领略到古代文人生活的美好及日常起居。

展画

宋元名笔。不及尽睹。独于近代名家。时获鉴赏。以清胸臆。

焚香

磁炉沈速。爇火时温。幽芬馡满。四壁生馨。

月上

几树梧桐。一轮初驾。微风飘拂。景色可喜。

主客真率

床头积酝。鱼菜可辨。往来无拘。形骸殊适。

灌花

盆草时卉。窗前种种植之。以见生意。

竹

数竿苍玉。青翠如沐。日影筛金。风奏瑶琴。

摹帖

前代遗墨。性拙不能尽得其彀。时切效颦。庶几腕中自有生意。

山游

小艇摇曳。秋水清泚。寻名山以遨游。畅然而得真趣。

薄醉

醇酒清歌。聊适余兴。毋蹈沈酣。德仪兼令。

夜坐

蒲团孤坐。万籁俱寂。人境自远。此际不知在尘埃间着。

听雨

人事不扰。坐听雨声。北窗微风。凉飔时袭。于此悠然入庄周之境。

阅耕

游目青畲。茕哉夏畦。歌发缓行。筋力忘疲。

观史

理学名书。老眼不入。稗谈杂志。聊以永日。

新笋

春芽可羹。亦能佐茗。良友剧谈。胜事可人。

洗研

临池涤垢。端歙时润。雾卷松膏。千军常胜。

赏雪

长林初霁。璚瑶盈尺。呼僮命觞。心胆澄澈。

祯还记载了元代制茶的蒸青法：将采摘的茶叶放入釜甑中微蒸，蒸得生熟得当，然后放到席箔上摊凉，趁湿用手揉捻，再用小火均匀地焙干。当然，元代时散茶虽已产生，但未普及，仍处于饼茶和散茶杂用共存的状态，即便饮用散茶，也还是碾成茶末，依然是唐宋饮茶遗风。到了明代，至少在洪武二十四年（1391 年）前，四方进贡贡茶依然是饼茶，《续文献通考》就记载云：“洪武二十四年，敕进茶，必碾而揉之，压以银板，为大小

明代 居节绘《品茶图》

107.1 厘米 ×28.9 厘米。图中所绘场景为几个好朋友在品啜雨前茶。

明代　景德镇窑青花走马杯

5.4厘米 ×6.7厘米。此杯适合日本煎茶使用，应该是专为出口日本制作。

龙团。”清代史梦兰《全史宫词》说朱元璋夜读经史以茶助读，云“夜静炉香绕玉阑，清茶闲品小龙团”，饮的还是小龙团饼茶。朱元璋出身贫寒，从一个放牛娃到大明开国皇帝，看到奢豪的饼茶制作，加重百姓负担，而且饼茶的煎饮法又颇为复杂，为了提倡节俭，朱元璋作了制茶和饮茶的改革，洪武二十四年九月，正式下诏停止制造饼茶龙团，“惟令采芽茶以进”。皇权的干预，正是饼茶衰微、散茶崛起的必然结果，这使散茶加工和瀹饮风尚兴起。朱元璋以帝王之尊，促进了以散茶取代饼茶、以瀹饮法代替煎茶法这一变化过程，至明弘治年间（1488—1505 年），饼茶制造及其饮法日趋衰落，而散茶加工及其品饮风尚日盛，品饮散茶之风一时遍及朝野。从明代开始，时至今日，明代开创的瀹饮法成为正宗的饮茶法，一直为人沿用，实乃后世之宗。

由朱元璋推动的饮茶法的改变，极大地促进了我国茶叶中绿茶、红茶、花茶、青茶（乌龙茶）、白茶、黑茶（紧压茶）六大茶类的迅速兴起和发展，使明清两代成为传统制茶技术全面发展的兴盛时期。随着饮茶从烦琐的制作和饮用中解放出来，不仅使茶叶生产呈现出千姿百态的繁荣局面，而且也使茶叶深入普及整个社会的各个层面，逐渐与社会生活、民情风俗、人生礼仪结合起来，构成中国丰富的茶文化内涵，并产生深远的影响。也正因如此，朱元璋才被后人认为是茶业发展的功臣，是一位奠定今日饮茶格局的历史人物。

第二节 仕者茶趣

郎士元和马燧都善饮茶，但差异很大，郎士元注重的是品，马燧喜欢的是饮，其中体现的恰恰是文人雅士与赳赳武夫之间截然不同的茶饮观念……

文人雅士与赳赳武夫

仕者是中国古代一个独特的阶层，他们一般是指做了官的知识分子。寒士一旦成仕，便有了追求雅兴的资本，雅中之雅事的品茗便自然而然地进入他们的生活中来。因此，发生在中国仕者身上的茶事在中国茶业历史上一直流传甚广，其趣味自然也不同凡响。

同列中唐“大历十才子”之中的钱起和郎士元就属此类。

钱郎二人并称“钱郎”，以写诗见长，品茶也有一套。钱起有两首茶诗非常著名，在《与赵莒茶宴》一诗中，他写道：“竹下忘言对紫茶，全胜羽客醉流霞。尘心洗尽兴难尽，一树蝉声片影斜。”很明显，这里所描写的是一次醉人的茶宴，清茶烹好之际，与友人对坐竹下，品茗听蝉，洒脱怡人的意境实在难以言表。在另一首叫作《过长孙宅与郎上人茶会》的诗中，钱起同样写到了文人饮茶的情趣，其追求散淡、自然的心境也尽显诗中。“偶与息心侣，忘归才子家。玄谈兼藻思，绿茗代榴花。岸帻看云卷，含毫任景斜。松乔若逢此，不复醉流霞。”从中不难看出，这时的茶已加入了文人行列，并有了十分尊崇的地位。以茶助兴，以茶结交，畅叙友情，激发文思……如此的雅兴也难怪文人们会乐此不疲。

与钱起相比，郎士元没有什么知名的茶诗，却有极为出名的饮茶故事。郎士元于天宝十五年（756 年）登进士第，宝应（762—763 年）初做过县官，后来又先后就任渭南尉、右拾遗及郢州刺史等职。郎士元诗风飘逸，曾习王维之风，说话也较为刻薄，经常在不经意间出口伤人。唐玄宗年间，安禄山起兵造反，一时天下大乱，战乱平定之后，藩镇割据局面就此形成，不仅不听朝廷号令，不交纳赋税钱粮，也不入朝拜见皇上，专横跋扈到了极点。坐镇河朔的田承嗣就是这样一位官员，朝中大臣对此议论颇多。有一天，大家在朝外又一次论及此事时，郎士元突然说：“郭令公不入琴，马镇西不入茶，田承嗣不入朝，可谓当今三不入。”众人听了这话，都不得其解，不知他说些什么。直到听了郎士元的解释，才知道他是借“不入”说朝中的三个重臣郭子仪、马燧和田承嗣。即郭子仪尚武不懂琴，马燧粗俗不懂茶，田承嗣仗势不入朝。在这三个人之中，田承嗣霸道专横，当然没人愿打抱不平，而郭子

唐代　青铜铸金高足杯

高6厘米。

仪和马燧却都是劳苦功高的名帅名将，人缘颇佳，所以很快就有人传话过去了。身为平定安史之乱的主帅，郭子仪心胸宽广，对“郭令公不入琴”的话一笑了之，根本没有在意。而坐镇太原多年的马燧自恃劳苦功高，对“马镇西不入茶”的嘲笑非常不满，于是，他找到郎士元，特意约郎士元到家中喝茶叙情，暗中已存有比试之意。

在讲好的那天上午，郎士元如约而至。在郎士元没来之前，马燧已吃了好多的“古楼子”。“古楼子”是用上等的羊肉铺在大饼上，再配上椒豉和酥油，入炉烤至半熟时吃的一种食品，吃的时候必须有好茶伴食，否则难以下咽。当郎士元进门时，只吃不喝的马燧早已渴得口干舌燥，想茶想得要命，却故意装作悠闲的样子，开始跟郎士元比试喝茶。郎士元虽然常赴茶宴，但赴的都是文人的雅宴，宴间细品慢咽，讲究的是一个情趣，将军家的茶宴是什么样子却从没有领教过。二人落座之后，马遂吩咐家人先煮起阳羡茶，茶浓时以碗代盅，边煮边饮，十碗很快进肚。接着，家人又奉上紫笋茶，眨眼间又是十碗进肚。马燧一来早有准备，二来也正口渴难挨，因此这些茶水入肚竟没有什么大的反应，而郎士元身为一介书生，平时哪见过这阵势，早喝得肚胀如鼓。他实在忍受不住，几次想起身告辞，都被马燧拦住。如此反复几次，几大碗又已见底。这时的郎士元早没有雅士的风度，捂着肚子连连告饶，承认自己讲马燧不入茶讲错了，方才脱身离开。

郎士元赴完马燧茶宴回家后大病一场，好些日子连水都不敢再看到。马燧得知情况后，专门派人送去礼物慰问，二人终于和好，一段与茶有关的故事也画上了句号。郎士元马燧茶宴相斗，从场面上看郎士元狼狈不堪，应算是马燧胜了，实际上却很难评判。郎士元和马燧都善饮茶，但差异很大，郎士元注重的是品，马燧喜欢的是饮，其中体现的恰恰是文人雅士与赳赳武夫之间截然不同的茶饮观念。

茶香还是墨香

同唐代一样，宋代也是中国历史上饮茶之风最盛行的年代，这期间，从达官贵人到平民百姓莫不把饮茶水赴茶宴当作一件雅事，时时在人前炫耀。作为一名诗词曲赋皆通的大师级文人和一名不成功的仕者，苏东坡也不可避免地加入了追风的行列，由此也引发了许多非常有趣的故事。

苏东坡名轼，字子瞻，号东坡居士，是中国古代数得上的大文豪之一。他精通书法诗词，而且精于品茶和烹茶，制作过样式精美且非常实用的提梁壶，同时对茶史也有很深的研究。以爱茶人自诩的苏东坡一生写过几十首精美的茶诗茶词，其中描写杭州白云茶的诗句有“沐罢巾冠快晚凉，睡余齿颊带茶香”，称颂湖州

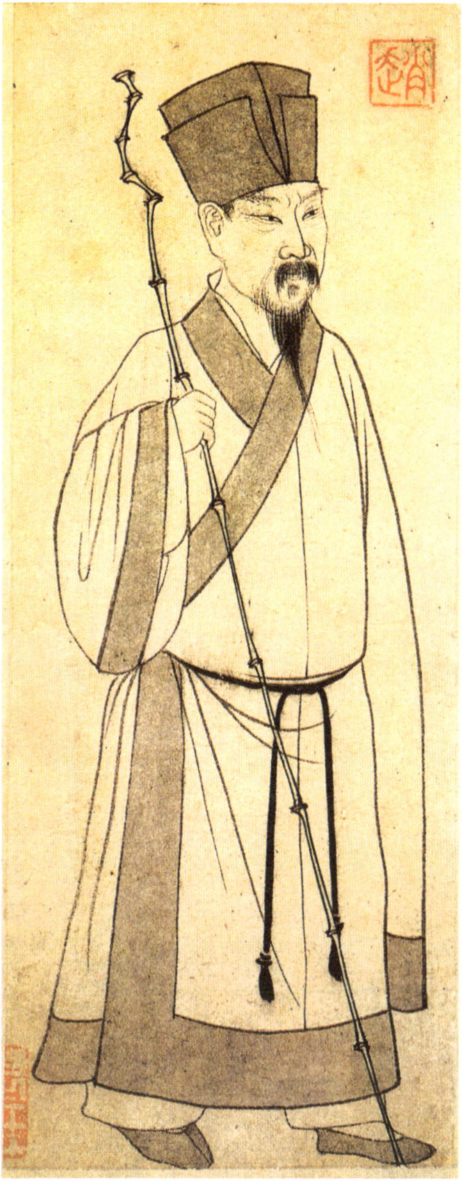

元代　赵孟頫绘《苏东坡像》

苏东坡精于品茶和烹茶，制作过样式精美且非常实用的提梁壶，同时对茶史也有很深的研究。据说有一次，司马光举行茶宴，特意约了十几位名士斗茶取乐。苏东坡那天带的是白茶，与主人司马光的茶品相同，都是茶中的上品。按照斗茶的规矩，要先看茶样，再闻茶香，后尝茶味。由于苏东坡专门带了最适宜泡茶的洁净雪水，因而茶味芬芳郁洌，风头盖过了主人。司马光甚是不服，便又想出一个难题。茶宴之间，司马光忽然问苏东坡：『茶越白越好，墨越黑越好；茶越重越好，墨越轻越好；茶越新越好，墨越陈越好。你怎么会同时爱上这两样东西呢？』苏东坡稍做沉吟，便以『奇茶妙墨俱香』做出了回答。意思是说，茶与墨虽然不同，但只要是各自品种中最出色的，就都能得到人们的认可。

明代　仇英绘《独乐园图》卷

32厘米×1290.2厘米。美国克利夫兰艺术博物馆藏。独乐园为司马光的园名，『司马温公在洛阳自号迂叟，谓园为独乐园。』此画卷便根据《独乐园记》立意而绘，画卷上亭中身着白衣倚坐于榻者为司马光。画面依次描绘了弄水轩、读书堂、钓鱼庵、种竹斋、采药圃、浇花亭、见山堂等景致。卷后拖尾接裱为文徵明书《独乐园记》《独乐园七咏》，苏东坡《独乐园诗》及项禹揆等人题跋。

顾渚紫笋的有“千金买断顾渚春，似与越人降日注”，而“仙山灵草湿行云，洗遍香肌粉未匀。明月来投玉川子，清风吹破武林春。要知冰雪心肠好，不是膏油首面新。戏作小诗君一笑，从来佳茗似佳人”的绝句，则准确地道出了他对福建壑源茶的喜好之情。他任徐州太守时，曾写过一首《浣溪沙》，词中“日高人渴漫思茶，敲门试问野人家”的句子形象地表现出了他口渴思茶的神情。在他创作的一首名为《水调歌头》的词中，还生动传神地记述了采茶、制茶和点茶的过程，“采取枝头雀舌，带露和烟捣碎，炼作紫金堆”的描述，体现了他对茶的精通程度。

与苏东坡有关的茶事数不胜数，以茶喻德是其中最著名的一则。

据说有一次，在仕途上远比苏东坡得意的宋代另一位文人司马光举行茶宴，特意约了十几位名士斗茶取乐。斗茶之风在宋代非常盛行，上层社会的人士对此尤其热衷，因此，当天赴约的人士都带上了最好的茶叶和茶具，苏东坡也不例外。苏东坡那天带的是白茶，与主人司马光的茶品相同，都是茶中的上品。按照斗茶的规矩，要先看茶样，再闻茶香，后尝茶味。由于苏东坡专门带了最适宜泡茶的洁净雪水，因而茶味芬芳郁冽，风头盖过了主人。对于苏东坡的得意，司马光甚是不服，但茶品已然评定，不能再做更改。于是，他想出一个难题，借此压压苏东坡的气焰。茶宴之间，司马光忽然问苏东坡：“茶越白越好，墨越黑越好；茶越重越好，墨越轻越好；茶越新越好，墨越陈越好。你怎么会同时爱上这两样东西呢？”苏东坡听了司马光的问话，知道他是以此难为自己，稍做沉吟，便以“奇茶妙墨俱香”做出了回答，意思是说，茶与墨虽然不同，但只要是各自品种中最出色的，都能得到人们的认可。

司马光听了此话，也不得不佩服苏东坡的机敏，不好再说什么。

司马光与苏东坡的一问一答，在宋朝叫作“机锋”，考验的是一个人随机应变的能力。苏东坡巧妙应对，除本身的机智之外，还在于个人的德行与人品。另外应该提到的是，在这问答背后，还有一段特殊的背景。身为一个颇有成就的文人，苏东坡也曾多次为宦，但由于其不合时宜的文人秉性，仕途一直充满坎坷。宋神宗在位时，王安石得到重用，在全国推行新法，受到了以司马光为代表的守旧势力的反对，苏东坡也在反对者的行列中，因此饱受挫折。后来王安石在政坛失意，司马光得势，苏东坡连升三级，坐上了礼部侍郎的宝座，按常理说算是司马光的人，但是，当司马光要将王安石的新法废除时，苏东坡却又出来反对，认为新法也有可取之处，不能全部否定。这样做的结果是，苏东坡又遭旧党贬谪，成为新旧两党都不欢迎的政治人物。

苏东坡以茶喻德，呈现的是一种坦然的心态，也是他严守政治道德贞操的真实反映。虽然他因此在政治上失势，却取得了道德上的成功。他算不得一个成功的仕者，却绝对是一个人格健全的文士。

茶冠上的乌纱

苏东坡以茶说事，使小小的盅茶里也荡出了智慧的波纹。苏东坡之后，北宋的朝中又出了一位在茶中用足了智慧的高手，他就是徽宗赵佶当政时一名叫郑可简的大臣。这位大臣以茶铺道，一路高升，竟升到了秘阁修撰的位置上，可谓做足了茶中的文章。

郑可简原先是一名默默无闻的漕臣，整天在自己的小天地里胡思乱想，却总是掀不起一点涟漪，从来没有哪个像样的官把他看在眼里。在别人看来，郑可简没一点能耐，可以说什么都不是，但郑本人却从来不这样想，他做梦都想看升官发财。为了实现自己的理想，郑可简整日挖空心思地琢磨，后来他听说徽宗爱茶成癖，心里不由一动，就从这上面打起了主意。于是，他调动所有关系，遍访名山大川，开始寻找好茶和制作好茶的方法。几年过去了，他的工夫终于得到了回报，宋徽宗宣和二年（1120年），他找人制出了一种叫作银线水芽的名茶，托人送给徽宗品尝。银线水芽也叫作龙团胜雪，做工极为考究，熊蕃在其所著的《宣和北苑贡茶录》中说这种茶是“将已拣熟芽再别去，只取其心一缕，用珍器贮清泉渍之”而成的，成茶后“光明莹洁，若银线然”，为茗中极品。银线水芽造价高得令人咋舌，成茶后可达每罐“三十千”，按宋朝的物价折算，能买粮一百万石，恰好为宰相一年的俸禄。这样高级的茶效果当然不会太差，据说宋徽宗品尝到郑可简的银线水芽后龙颜大悦，马上让人记下了送茶之人的名字，以备日后可随时品用，郑可简终于找到了接近皇上的机会。

迈出关键的第一步后，郑可简的官运便一路顺畅起来。在官场混迹多年的郑可简明白，在当时的朝廷，生杀大权都由太师蔡京把持，蔡京的态度是升官发财的主要因素。于是，他又开始接近蔡京，所用的手段仍然是送茶。蔡京是北宋末年有名的权臣，他操纵朝事的本领比唐代的杨国忠有过之而无不及。宋徽宗时，蔡京以太师的身份统领三省事务，可以在家里治理公务，由此可见他在皇帝心中的地位。据说在蔡京住处的便室里，专门设有一张操办公私事务的案几，案上除了放着笔墨砚台等物，还有几十张三寸宽的玉版纸。在蔡京的家中，这几张玉版纸并不起眼，却能生出天大的响动，随便落在这些纸上的几个毛笔字，就能决定大宋的好多事情，皇上圣旨里任命官员的许多文字，就是从这些纸上摘出。郑可简弄明白了里边的玄妙后，便开始打起了这种纸条的主意。几经周折，他派人送去的新茶和书信摆上了蔡京的案

宋代　张训礼绘《围炉博古图》

138厘米×72.7厘米。台北『故宫博物院』藏。画中几个文人正博古论今，其中背靠扶手椅上的文士手作研磨状，旁边有侍者捧执壶，类似为点茶备茶。

儿，作为回报，蔡京也爽快地在纸上写下了“秘撰运副”的文字。郑可简用香茶叩门，如愿爬上了秘阁修撰、转运副使的官位。

郑可简升官有道，成了朝廷要员，郑家的人也都瞅上了茶道这条捷径。郑可简有个侄子，名叫郑千里，他想效仿叔叔的方法，便不辞辛苦到各地钻山穿谷，想找出一种可与银线水芽争胜的名品。历经千难万险之后，他终于访得一种名为“朱草”的名茶。郑可简听说这件事情后，马上施展手段，将“朱草”骗到手里，然后让其儿子郑待问立即把茶进贡到宫里。因献茶有功，郑待问乌纱罩顶，也吃上了官家的俸禄。献茶升官后，郑待问衣锦还乡，在家里摆下盛宴，招来四方宾朋庆贺。酒席宴上，郑待问踌躇满志，想起父子升官的经历，不由发出了“一门侥幸”的感叹，正当众人还在回味这句感叹意思的时候，被夺去“朱草”的郑千里愤愤不平地以“千里埋怨”作了回应。宴席上的人们听了郑千里的回应，只能装聋作哑，连连称赞此对对得妙极，夸二人都是好的文采。

郑可简郑待问父子双双因贡茶得官，在当时被当作一段奇闻逸事广为流传，因此也留下了“父贵因茶白，儿荣为草朱”的民谚。

第三节　文士茶趣

李白以『诗君子』的身份获得中孚相赠的『茶君子』，让君子之交于茶盏之中，已算得上茶趣盎然，而以诗仙及酒仙的身份与仙人手掌招唤的香茶结缘，则更属千古佳话，使淡淡的茶香中也透出了一种神秘的味道……

李白与仙人的手掌

号称青莲居士的唐代诗人李白以爱酒著称，同时也是一位爱茶的名士，身为与茶圣陆羽同时代的诗人，关于他的茶事也流传很广，其中最值得一提的就是他与仙人掌茶的一段典故。

仙人掌茶产自玉泉山，据说在很久以前的一场战乱中，玉泉山上的寺庙也遭到了劫难，寺中的僧人半死半伤，苦不堪言。这时，正好有一位仙人路过此处，看到这种情况，便挥手洒下仙水，滋润战火劫掠过的土地，地上瞬间长出了一株株青翠的茶树，而死去的僧人们也奇迹般地得以生还。仙人走后，受伤的僧众纷纷摘下茶树上的叶子服用，伤势很快见好，不久便痊愈了。此后，僧人们知道了这茶的神秘功效，于是小心地呵护栽种，培育出了无数这样的茶树。因为这些茶树最初是由仙人的手掌呼唤而来，而且形似手掌，人们就把这种茶叫作仙人掌茶。

李白与仙人掌茶的故事发生在天宝三年（744 年）。在这之前，李白被大臣贺知章推荐入京任职，后因恃才傲物，酒后得罪了杨国忠及高力士等权贵，不得已便辞官还乡，过起了“且放白鹿青崖间，须行即骑访名山”的浪漫生活。

明代　崔子忠绘《藏云图》轴

北京故宫博物院藏。此图端坐四轮车上者为李白，有两个童子站在左右，一人搭绳牵车，一人荷杖引导。李白，字太白，号青莲居士。有「诗仙」「诗侠」「酒仙」「谪仙人」等称呼。据《新唐书》记载，李白为兴圣皇帝（凉武昭王李皓）九世孙。亦有说其祖是李建成或李元吉，因为被灭族而搬至西域，但此说缺乏佐证。李白喜好作赋、剑术、奇书。青年时期曾在中国各地游历。安史之乱爆发后，李白曾做永王李璘的幕僚。永王触怒唐肃宗被杀后，李白也获罪入狱。在郭子仪的力保下，方得免死，改为流徙夜郎（今贵州关岭县一带），在途经巫山时遇赦。李白晚年在江南一带漂泊，后投奔族叔李阳冰。上元三年（762年）十一月，李白病逝于寓所，终年61岁，葬当涂龙山。

生性浪漫的李白摆脱了官场的束缚，从心里到身体都感到十分轻松，整日忙于走亲访友，游历河山。一次他行至金陵，不禁被这里的小桥流水及和风细雨所陶醉，便多停留了几日。这天，李白来到栖霞寺，恰巧遇见从荆州前来的宗侄僧人中孚，异地逢故人，此何等快事，怎能不饮酒赋诗，一醉方休？不过宗侄中孚既已为僧，就当遵守佛门戒律，于是中孚取出随身所带的著名佛茶“仙人掌”，与叔父对坐于禅房，以茶代酒，畅叙亲情。当时正值黄昏，寺院周围绿荫浓密，西山之上薄暮冥冥，再加上钟声缥缈，让人更觉意境深远。随着茶水的煮沸，一缕缕奇特的茶香萦绕于院中久久不去，沁人心脾，令人陶醉。在优美的意境中，李白与中孚举茶论禅，指点江山，好不痛快，不知不觉渐入佳境。李白素以“斗酒诗百篇”而著称，但也曾写出过“茗生此中石，玉泉流不歇。根柯洒芳津，采服润肌骨”的诗句，可见他对茶的嗜好当不让与嗜酒。在人们的认识中，酒乃刚烈之人，茶是温雅之士，喝酒可以壮人胸怀，饮茶则能修心养性，二者似乎有着迥然不同的性情。但在酒仙李白与茶痴李白的心中，茶与酒却有着同样的功效。爱茶的李白与宗侄中孚相坐对饮，酣醉之态渐深，对仙人掌茶的喜爱也越发加重。从西域到蜀地，从齐鲁到京城，李白不知走过多少地方，对茶亦是见多识广，却从未见过这样清香的茶叶，不由得诗兴大发，挥笔写下了《答族侄僧中孚赠玉泉仙人掌茶并序》一诗：

常闻玉泉山，山洞多乳窟。
仙鼠如白鸦，倒悬清溪月。

茗生此中石，玉泉流不歇。
根柯洒芳津，采服润肌骨。
丛老卷绿叶，枝枝相接连。
曝成仙人掌，以拍洪崖肩。
举世未见之，其名定谁传。
宗英乃禅伯，投赠有佳篇。
清镜烛无盐，顾惭西子妍。
朝坐有馀兴，长吟播诸天。

此诗中所指的玉泉就是前边提到的仙人曾经光临的玉泉山，是一座佛教名山。玉泉山的山间溪流纵横，地下乳窟暗生，景色非常优美，由于有着独特的地理环境和适宜的气候条件，玉泉山是茶叶生长的理想之地。生长在此山中的仙人掌茶树采天地之灵气，饮山间之甘泉，才有了如此清香宜人的口味。当地人因为经常采来仙人掌茶烹煮饮食，所以莫不面如桃李，益寿延年，仙人掌茶因此也被称为茶中之君子。

李白以“诗君子”的身份获得中孚相赠的“茶君子”，让君子之交于茶盏之中，已算得上茶趣盎然，而以诗仙及酒仙的身份与仙人手掌招唤的香茶结缘，则更属千古佳话，使淡淡的茶香中也透出了一种神秘的味道。

茶摊孕育的《聊斋》鬼魅

康熙初年的盛夏，在山东淄川蒲家庄大路口的几株阴翳天日的大槐树下，经常可以看到一个与众不同的茶摊儿。在这个茶摊旁，整天坐着一位身着粗布短衫的清秀书生，书生身边的小矮桌上放着一把大茶壶和几只粗瓷大碗，还有一包当地出产的烟丝。每有行人走过，书生就恭敬地站起身来，拱手邀对方坐下，喝茶、抽烟，休息片刻。书生有个规矩，喝茶抽烟是不收茶钱烟钱的，喝茶人只要讲一段比较离奇的所见所闻既可，于是来往行人都喜欢在这个茶摊歇脚聊天，说说各种奇闻逸事。讲得口渴了，书生马上献上一碗茶，让人润嗓把故事讲完。这就是中国的短篇小说之王——蒲松龄。

蒲松龄字留仙，号柳泉居士，明崇祯十五年（1642 年），出生在山东淄川一个世代书香的门第之中。祖父中过进士，做过河北玉田县令，父亲是个秀才，科举考试失利后，弃儒从商，家道开始中落，到蒲松龄这一代，已经非常清贫了。蒲松龄幼时十分聪慧，11 岁起，跟父亲读书，到 19 岁时，经史子集，无所不通，可说是学富五车了，在县、府会考他都名列第一，后来院考又列榜首，于是文名大噪于乡里。但尔后，他却是屡试不第，为了养家糊口，遂以舌耕为业。冷落了名利场的蒲松龄将兴趣和志向投入文言小说的创作中去，在村口设茶摊儿供人们清谈，就是他收集素材的常用方法。

有一天，有两个身背包袱的中年人风尘仆仆路过这里，被蒲松龄请来在茶摊前坐下，一边倒上香茶，一边笑着说：“你们是从远方来的吧，就把二位在外地的见闻讲给我听听吧。”二人坐下，其中一个接过茶碗喝了一口茶，说：“我给你讲个茶的故事吧。杭州灵隐寺有个和尚，以善于烹茶而遐迩闻名，他所用的茶具都十分精致，收藏的名茶也多种多样，分出好几个等次。待客献茶，用哪一等级的茶，常常根据来客的贵贱而定。有一天，寺里来了一位大官，和尚恭恭敬敬地迎上去行礼，然后拿出好茶，亲汲洌泉烹茶，献给大官品饮，希望能得到大官的一番赞誉。谁知大官不紧不慢地吃茶，一句有关茶的话也没说。和尚十分疑惑，鞠躬问道：‘大人觉得这茶怎么样啊？’大官端起茶杯，拱了拱手，说：‘热得很有趣呀！’”蒲松龄一听乐得哈哈大笑。另一个接着说：“我来说个鸽子的故事。一个叫张幼量的鸽子迷，四处搜罗各个品种的名鸽，像母亲哺育婴儿一样喂养鸽子。有位官员是张幼量父亲的好朋友，见了他的鸽子，想要几只，张幼量便选了两只最珍贵的白鸽送去。过了几天，张幼量见到那位官员，问起鸽子的事儿，官员满意地说：‘不错不错，

清代　姚文翰绘《卖浆图》（仿《茗园赌市图》）

59.3厘米×108厘米。此画描绘的是卖茶水的场景。

清代　宜兴紫砂陶

紫砂土是中国宜兴特有的陶土，紫砂陶便是用紫砂土制成的陶制品，作品多是各类茶具。泥原料有紫泥、绿泥和红泥三种，俗称『富贵土』。明代嘉靖至万历年间，是宜兴紫砂技术的成熟时期，著名制壶名家有董翰、赵梁、元畅、时鹏、时大彬、李仲芳、徐友泉等，尤其是时大彬的『时壶』更是将紫砂推向了中国紫砂史上第一个高峰（可参见明代茶壶图像）。时大彬在继承前辈的基础上，推陈出新，创作出了一批令人耳目一新的作品：如『龙带壶』『莲瓣壶』『印包壶』『僧帽壶』等。清代的茶具，以『景瓷宜陶』最为出色，即景德镇的瓷茶具与宜兴的陶茶具。康熙年间宜兴陈鸣远制作的梅干壶、束柴三友壶、包袱壶、番瓜壶等，颇为流行。其后还有杨彭年、邵大亨等名家，更是名噪一时。特别值得一提的是当时任溧阳县令、『西泠八家』之一的陈曼生，开创『工匠制作，文人设计』的『曼生壶』，更是为宜兴紫砂器开了新风。清皇宫对紫砂器亦是情有独钟，当时很多专供宫廷使用的紫砂器是在宜兴定烧素胎，最终在宫中烧成。其中以康熙时期于宫中成功创烧的『康熙御制』款紫砂胎珐琅彩为开端。我们特选了一批清代紫砂茶具，供大家学习与欣赏。

清代康熙　清宜兴紫砂胎珐琅彩四季花卉盖碗

高8.3厘米。该碗外壁与盖面皆用珐琅彩料绘以梅花、山茶花、荷花和竹子等饰纹。壶底书『康熙御制』。

清代康熙　宜兴胎画珐琅万寿长春海棠式壶

高8.7厘米。胎质略粗，器面全施透明釉。壶底书『康熙御制』。

清代康熙　宜兴胎画珐琅五彩四季花卉方壶

通盖高11.6厘米。壶底书『康熙御制』。此方形壶釉彩鲜丽，画工精巧，为清代宫廷极为珍稀的御用茶器。

清代康熙　宜兴胎画珐琅提梁壶

高8厘米。提梁极长，盖钮塑黄色奇兽一只。壶底书「康熙御制」。

清代康熙　宜兴胎画珐琅花卉纹茶碗

紫砂胎质略粗。碗底书「康熙御制」。此碗壁上绘有同色釉彩的三种不同花卉，在康熙珐琅彩茶器中亦为罕见。

清代乾隆　紫砂雕漆杂宝纹壶

属清宫所藏乾隆紫砂胎雕漆茶壶，传世极少。

『陈荫千制』款紫砂竹节提梁壶

器高 15.2 厘米。乾隆时期宜兴茗壶的佳作。

挺肥美的，是煮着吃的。’”这两个同一性质的笑话，对蒲松龄触动很大，使他深受启发。到了晚上，蒲松龄坐在灯下，细细回味着白天听到的故事，便加工演义成篇，写成了《鸽异》。这一天，来了一个白发苍苍的驼背老人，这老人见多识广，经常到这里闲聊，蒲松龄对他是殷勤有礼，毕恭毕敬。老人喝着茶抽着烟，说了个马骥漂海到罗利国的故事，蒲松龄听得入神，回去就写了“花面相迎、世情如鬼”的《罗刹海市》。他就这样搜集一篇写一篇，如是二十余寒暑，写成了《聊斋志异》这部中国古典小说的珍品。

《聊斋志异》是一部文言短篇小说集，共有短篇小说431篇。其内容大致有四部分：一，怀着对现实社会的愤懑情绪，揭露、嘲讽贪官污吏、恶霸豪绅贪婪狠毒的嘴脸，笔锋刺向封建政治制度。这类作品以《促织》《席方平》《商三官》《向杲》等篇最有代表性。二，蒲松龄对腐朽的科举制度有切身的体会，通过《司文郎》《考弊司》《书痴》等篇，无情地揭开了科举制度的黑幕，勾画出考官们昏庸贪婪的面目，剖析了科举制度对知识分子灵魂的禁锢与腐蚀，谴责了考场中营私舞弊的风气。三，对人间坚贞、纯洁的爱情及为了这种爱情而努力抗争的底层妇女、穷书生予以衷心的赞美。其中还有相当多狐鬼精灵与人的恋爱故事，颇具浪漫情调。在这些故事里，塑造了很多容貌美丽、心灵纯洁的女性形象，如红玉、婴宁、香玉、青凤、娇娜、莲香等。有代表性的篇章有《鸦头》《细侯》等。四，有些短篇是阐释伦理道德的寓意故事，如《画皮》等。总的来说，《聊斋志异》是一部积极浪漫主义作品。它的浪漫主义精神，主要表现在对正面理想人物的塑造上，特别是表现在由花妖狐魅变来的女性形象上。另外，也表现在对浪漫主义手法的运用上。作者善于运用梦境和上天入地、虚无变幻的大量虚构情节，冲破现实的束缚，以浪漫荒幻的特殊方式寄托自己的美好理想。

蒲松龄毕生的心血和才华凝结成的《聊斋志异》之所以辉耀百世，成为光辉不朽的杰作，最根本的原因在于他汲取了千百年来丰富的民间口头文学的营养，而搜集民间口头文学素材，是与茶有不解之缘的。蒲松龄于《聊斋志异》外，还有《聊斋文集》《聊斋诗集》和《聊斋俚曲》，其中有写茶咏茶诗文，其《私茶》一文是蒲松龄所拟的司法判文之一，说的是清初禁止私茶的现实，颇有一定史料价值。蒲松龄《趵突泉赋》洋洋洒洒，盛赞趵突泉，其中有这样的句子：其清则游鳞可数，其味则瀹茗增香，海内之名泉第一，齐门之胜地无双。蒲松龄一生写过很多咏茶的诗句，但也不全是对茶的盛赞，他在《大雪》一诗中写观雪品茗的情景时就曾有过这样的咏叹：

学士茶烟湿化雨，
侍儿歌帐暖生春。
卷帘快赏丰年瑞，
忍冬还思酒入唇。

在蒲松龄看来，观雪品茗固然是雅事，但对饥寒交迫的一介寒儒来说，还是有点酒喝喝才可以抵御隆冬的寒冷。写这诗时的蒲松龄想必正饥寒交迫，因此才会失去了在茶摊上搜奇的雅兴。

清代　任伯年绘《茗茶待品》

中国的茶文化起源于巴蜀一带，然后传播进入中原。『茶』字蜀作『茶』。陆机《茶梳》记载：『蜀作茶，吴人作茗』。也就是说，茗是南方人对茶的较早称呼。事实上，茗和茶在唐朝的时候是有区别的，区别在于两个茶叶场区的气候、土壤和品种。

清代 金廷标绘《品泉图》

画中明月高挂，一文士坐于溪边垂曲树干上啜茗，状至悠闲；一童蹲踞溪石汲水，一童竹炉燃炭，另有竹炉、茶壶、四层提篮（挑盒）、水罐、水勺、茗碗等诸多烹茶道具。

茗难一刻废

汪士慎是“扬州八怪”之一，为清代著名画家、诗人、书法家和金石篆刻家。尤其是他的画，笔致疏落，随意勾点，清妙多姿，超然出尘，气清而神腴，墨淡而趣足，笔意幽秀，其秀润恬静之致，令人耳目一新。在精工诗、书、画、印这“四绝”之外，汪士慎最精通的，就是品茗了，故而又有“茶仙”之誉。

苏东坡有一句名言，叫作“宁可食无肉，不可居无竹”，说的是这位大文豪喜竹爱竹的程度；而汪士慎嗜茶，已经到了“饭可终日无，茗难一刻废”的痴迷地步，比起苏轼爱竹来，有过之而无不及。据说汪士慎的茅屋里虽然经常是高朋满座，然而他待客时从不置酒，只在篱畔树下，藤椅竹床，香茗一壶，细瓷数盏，“煮茗当清尊”而已。他的好友高翔作了一幅《巢林先生小像》的画，画的是汪士慎啜茶的写真。画面上，汪士慎一袭长袍，有如入定，屈膝而坐，状态闲雅。左手端着茶杯，作怡然品茗状。虽寥寥几笔，但高士嗜茶之神态跃然纸上。

汪士慎既然这么嗜茶，朋友们便投其所好，经常送名茶给他，以乐其心志。管希宁既是汪士慎的诗友画友，又是他的书友和茶友，他二人癖性相投，故经常在一起游春，或探梅赋诗，或品茗赏画。有一次，管希宁得到泾县名茶，自然没有忘了他的“茶仙”朋友，于是邀请汪士慎到他的斋室品饮。汪士慎饮罢，顿觉五脏六腑清净芬芳，于是挥笔写了《幼孚斋中试泾县茶》条幅。这首七言长诗，通篇气韵生动，笔致动静相宜，方圆合度，结构精到，茂密而不失空灵，洒脱又暗相呼应，配了诗意，恰到好处地描绘了两人日常交游中的一个精彩镜头：

不知泾邑山之涯，春风茁此香灵芽。
两茎细叶雀舌卷，蒸焙工夫应不浅。
宣州诸茶此绝伦，芳馨那逊龙山春。
一瓯瑟瑟散轻蕊，品题谁比玉川子。
共向幽窗吸白云，令人六腑皆芳芬。
长空霭霭西林晚，疏雨湿烟客忘返。

文人在品茶的时候，还喜以雪水煎茶。“雪者，天地之积寒也”，曹雪芹在《红楼梦》中即写有妙玉用五年前收藏梅花上的积雪水，来烹老君眉茶的记述。大文人袁枚亦有梅花雪水煎茶的雅兴，品时自有一种“秋江欲画毫先冷，梅水才煎腹便清”的感受。汪士

清代 绣片《煮茶图》
25.8厘米×19.4厘米。

慎曾为别人画过一幅《乞水图》，画中一翁，持瓮请求主人赠他以雪水，以便烹茶，画的就是汪士慎向好友焦五斗乞雪水煎茶之事。由此可见文人喜以雪水煎茶，也是一种对水殊爱的情感吧！

与汪士慎书画茶茗交谊最深的，还有扬州八怪之一的高翔。高翔是江苏甘泉人，能诗善画，精于书法。晚年右手残废，用左手写字，字奇古，端正茂朴，圆劲朴抱。汪士慎和高翔的足迹，几乎遍及了扬州的角角落落。他们联袂泛舟在瘦西湖的前身保障河中，望观音山一带的隋宫故址；系舟在开满梅花的铁佛寺下，一边赏梅，一边品茶。高翔专门为汪士慎绘了一幅《煎茶图》，并在图右题诗云：

巢林爱梅兼爱茶，
啜茶日日写梅花。
要将胸中清苦味，
吐作纸上冰霜桠。

乾隆四年（1739 年），汪士慎游历回到扬州，原来视力很差的左眼失明了。医生知道汪士慎嗜茶如命，想当然地认为是饮茶过度所致，汪士慎却不以为然，对医生的劝告不屑一顾。高翔所绘的《煎茶图》上，有这样一首题诗：

饭可终日无，茗难一刻废。
利目侔决明，功用本草载。
侵淫反受伤，偏盲尚无悔。
余尝苦口劝，冷笑面相背。
为说竹炉声，空山风雨碎。

如此茶痴，世所罕见。而画家失去一目，其不幸可想而知，但他认为少一目更能安心作画，未尝不是不幸中之大幸。59 岁时，汪士慎在扬州北城边买了一处“蓬窗”小屋，作为养老之所。汪士慎在这所茅屋里，布衣素食，品茗读书，写字作画，生活是安宁的，而盲一目后书画创作上出现的新境界，使他的作品更为人

清代 铜胎画珐琅茶壶

珐琅是外传的工艺，西方称为搪瓷。其工艺常见有掐丝珐琅以及画珐琅两大类。画珐琅在康熙时期传入，后来极其盛行。画珐琅在珐琅制作工艺中极难把握，原因是珐琅釉料在烧制时容易流淌走样，对于釉料配方以及火候控制有着严格的要求。我们特选一组清代珐琅茶具加以欣赏与展示。

清代康熙 铜胎画珐琅菊花纹方壶

清代康熙 铜胎画珐琅牡丹纹方壶

清代雍正　珐琅彩花蝶纹茶壶

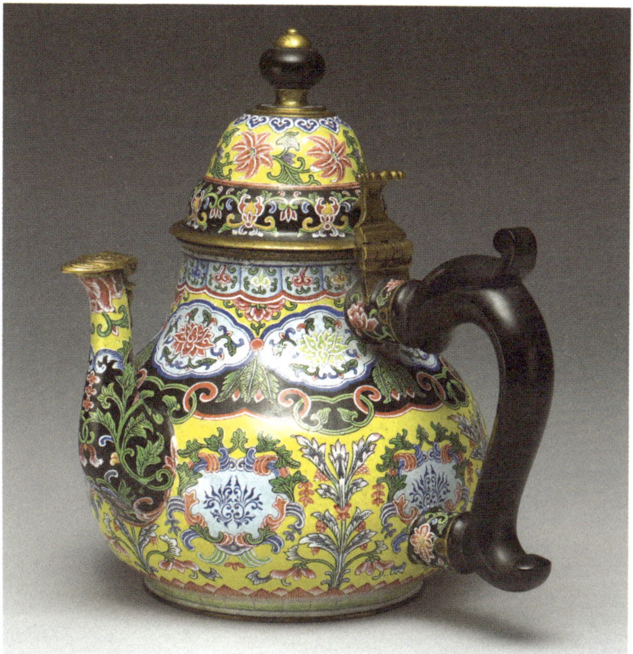

清代雍正　画珐琅黄地花卉纹乌木把壶

铜胎，其盖与乌木把手以转轴相连，压下按钮即可开启。此壶的形制和纹饰的式样均与中国传统有差异，疑是受西洋文化的影响。

清代乾隆　珐琅彩仕女四艺图茶壶

清代乾隆　铜胎画珐琅冰梅纹壶

清代乾隆　铜胎画珐琅喜相逢壶

清代乾隆　铜胎掐丝珐琅提梁壶

高23.5厘米。

清代乾隆　铜胎画珐琅团花提梁壶

所重了。乾隆十七年（1752 年），67 岁的汪士慎右眼也失去光明，完全成为一个盲人了，别人都为他的双目失明担忧，他似乎颇为泰然，觉得瞎了双眼可以不再看见蝇营狗苟的庸碌之辈，省心省事，反觉可喜。这是旷达语，然而仔细想来又何尝不是无可奈何的伤心之语?

汪士慎清贫恬淡一生，他的晚年是孤寂窘困的，只有几个书画至友不时来他的茅屋探望他。乾隆二十四年（1759 年），汪士慎在他的城隅草屋中与世长辞，享年 73 岁。这位像梅花一般一生疏淡的老人，也像梅花的一缕清香那样消逝了。

肆 茶缘茶韵

第一节　文人雅士的寄托

茶在宋代成为文人雅士必不可少的寄托，甚至超过了唐人的美酒。宋代文人雅士中还流行一种『分茶』游戏，李清照和赵明诚对『分茶』这种游戏的赏玩也是十分内行的……

扫雪烹茶

宋代的大文士陶谷做礼部尚书的时候，买了一个婢女，原来是太尉党进家的。在一个飘着鹅毛大雪的冬日里，陶谷与友人赏雪吟咏，雅趣横生。诗兴正浓的时候，陶谷命这位婢女扫雪烹茶，以助雅兴。看那位婢女感觉很是新鲜的样子，陶谷问她道：“你曾在太尉府上待过，他家也经常这样谈诗论道、煎雪煮茶吗？”婢女回答说：“我在太尉府里没见过这样儒雅的场面。党太尉是个军汉粗人，只知道在销金帐下浅斟低唱，大碗饮酒大块吃肉罢了，哪里比得上你翰林陶老爷的风流倜傥呢！”陶谷听罢大喜，从此以后，对这位识得儒雅、解得风流而且颇为灵巧的婢女自是非常宠爱。

陶谷，字秀实，邠州新平（今陕西彬县）人。他博闻强记，精通经、史及诸子、佛、老，为人敏捷善辩，见多识广，很有才华，在后晋、后汉、后周、宋等四个朝代都做过显赫的大官。赵匡胤陈桥兵变，黄袍加身时，陶谷在旁拿出早已拟好的后周恭帝禅位诏书，以为赵匡胤受禅之用，周恭帝和宋太祖都觉得很恰当。归了宋朝以后，陶谷连连升迁，累官兵部、吏部侍郎，转礼部尚书，后翰林承旨，加刑部、户部尚书。宋初法物制度，也多为陶谷所定，可说是个左右逢源的官员文人。太尉党进是一介目不识丁的武夫，据说每天上朝的时候，他叫人把皇帝要问的事情写在自己的朝笏上，当宋太祖问到他时，他就举笏说："圣上要问的，都在这上面啦。"宋太祖对他的憨直十分喜爱。这"扫雪烹茶"的故事，显示了文人雅士与赳赳武夫间截然不同的生活环境和精神境界。雪水烹茶，近于清寒，但文人的雅兴和情趣，却是像党太尉这样的粗鲁军汉难以体味到的。故而，历代文人雅士慕陶氏风流不羡党家富贵，扫雪烹茶也被历代传为茶事佳话，常常成为诗人画家吟咏和绘画的题材。

自宋至清，与茶有关的茶诗、茶词及茶曲层出不穷，吟咏"扫雪烹茶"的文字洋洋大观，堪称一部茶之别史，也把陶谷的风流遗韵广泽后世。有关吟咏扫雪烹茶的诗词，最早见于宋代赵长卿写的一首《满庭方》词，其中的句子，表现的就是文人雅士的闲情逸致：

烹茶新试水，人间清楚，物外遨游。胜似他，销金暖帐情柔。

元代李德载的散曲《中吕·阳春曲·赠茶肆》写得更是明确，

说的都是“扫雪烹茶”的风流，远远胜过党家的奢华酒宴。此中风流滋味，不是一般人所能品味出来的：

蒙山顶上春光早，扬子江心水味高。陶家学士更风骚。应笑倒，销金帐饮羊羔。……兔毫盏内新尝罢，留得余香在齿牙。一瓶雪水最清佳。风韵煞，到处属陶家……

贫富是人类永久的话题，党进宅和袁安舍一富一贫，都被大雪覆盖，都不是令人满意的，只有陶家扫雪煎茶，方显得风流高出一筹。明代王九思有散曲《朝天子·扫雪煎茶》，可以说是对“扫雪烹茶”典故的曲化阐释：

党家醉倒，袁家冻倒，两件儿都不妙。凤团香煮扫琼瑶，只有个陶家俏。锦帐羊羔，金樽欢笑，论风流哪个高？俺高您豪，少一个人儿道。

清代蒲松龄曾有《大雪》诗一首，既推崇学士煮雪烹茶，又叹赏党家暖帐生春，认为都是人生理应追求的目标：

学士茶烟湿化雨，侍儿歌帐暖生春。
卷帘快赏丰年瑞，忍冬还思酒入唇。

煮雪烹茗，卷帘赏瑞，文人学士的雅儒使人向往；暖帐生春，饮酒啖羔，富贵人家的生活叫人羡慕，然而仅有清茶难抵严寒，

宋代　佚名绘《煮茶图》

此图疑为后人仿宋人作品，从图中可以看出，人物及内容与宋代钱选绘《卢仝烹茶图》相同，仅仅是造型不同。

还是应该喝点酒来抵御严寒。蒲松龄毕竟生活窘迫，说得最为实在。

清末的樊增祥是个茶迷，他的茶诗茶词数量之多，堪称首屈一指。他曾设想把党、陶两家融合起来，来个鱼与熊掌兼而有之：

冰泉试煮紫茸香，松火亲烧细肋羊。
牵同党陶同一传，朝朝羔酒伴茶枪。

这才是生活的真谛，有茶又有酒，茶酒不分家，饮罢酒来又品茶，人生难得乐此逍遥，可惜陶谷书生气太重，只能抱着茶杯空感叹了。据说他见宋太祖赵匡胤对一些办理文告和写文章的文官大臣不太重视，就在赵匡胤面前说自己工作如何的卖力气，宋太祖赵匡胤不以为然地说：“听说你们翰林院的文告，都是拿前人的旧本，改换一些词句，这就是依样画葫芦，根本不需要花什么大力气呀。”

陶谷听了这些话，很是垂头丧气，他不敢当面与皇上理论，就在翰林院的墙壁上题写了一首大发牢骚的诗：

官职须由生处有，才能不管用时无。
堪笑翰林陶学士，年年依样画葫芦！

李清照的风雅生活

李清照是南宋女词人，号易安居士。父亲是当时非常有名的学者，李清照从小受父亲的熏陶，十分爱好文学，精通诗词、散文、书法、绘画、音乐，以词的成就为最高。她的词委婉清新，感情真挚，居婉约词派之首，对后世影响较大。她的丈夫赵明诚也是个官家子弟，不但精通文墨，而且还是个金石考据家。他们夫妻二人早期生活安定优裕，共同致力于书画金石的搜集整理。

那时候，赵明诚还在京城太学里读书。赵、李两家虽然都担任不小的官职，但不是豪门巨富，没有多余的钱让他们购买文物，但这并不影响他们对金石的追求。每逢初一月半，赵明诚请假回家，就和李清照到大相国寺去。李清照是个淡于吃穿的女性，收集金石是要钱的，她就把自己的衣服拿一些到当铺里去押点儿钱，去逛金石市场。

赵明诚和李清照整天盘桓在那里，看到中意的碑文字画就买下来，回到家里，夫妻二人一起细细整理、欣赏。他们俩把这件事当作他们生活上的最大乐趣。

清 佚名 李清照画像

过了两年，赵明诚当了官，他把所得的官俸几乎全花在购买金石图书上，从那以后，李清照不用卖衣服来买古董文物了。赵明诚的父亲有一些亲戚朋友在朝廷的藏书阁里供职，那里有许多外面没有流传的古书刻本，赵明诚通过这些亲友，千方百计把它们借来摹写，这样日积月累，他们家收藏的金石书画越来越多。李清照帮着赵明诚建立了书库大橱，编好目录，发现有一点污损，一定随时整理好，使赵明诚的金石研究从未中断。

宋徽宗大观二年(1108年),赵明诚和李清照回到青州故乡闲居，此时他俩生活富足，衣食有余。赵明诚和李清照把他们的全部兴趣都放在从事书籍的编写上面。每得一本，夫妻俩就一起校勘鉴赏，整集签题。得到书、画、彝、鼎，更是摩挲端详，欣赏不已。有情伉俪，志同道合，于煮茶品茗，读书鉴赏的风雅生活中，度过他们最为幸福的时刻。经过将近二十年的努力，赵明诚完成了一部记载古代历史文物的著作，叫《金石录》。

赏帖烹茶的乐趣，成就了他们生活中的美好时光。在青州闲居的时候，听说乡下有人收藏了一部唐代白居易手书佛教《愣严经》，便择日登门拜访，只见院中繁花正发，主人敬重他有“素

北宋　定窑黑釉瓷盏
直径18.4厘米。

宋代　钧瓷盏

直径 18.4 厘米。

宋代　兔毫盏

7.9厘米×16.5厘米。

南宋　龙泉窑青瓷茶碗

4.8厘米 ×12.7 厘米。

心之馨”热情出来迎接。赵明诚得此珍贵手书，如获至宝，辞别主人，快马加鞭赶回家中，与妻子李清照共同欣赏。名书岂能无佳茗？于是夫妻二人烹名茶小龙团以助兴。他俩一边品茗啜饮，一边欣赏书法，两个痴心之人，一对风雅夫妻，喜悦之情溢于言表。

这对夫妻的风雅生活，从来就没有和填词赋诗、鉴赏金石、诵读经典，品尝香茗相分开。李清照对自己的博闻强记十分自信，经常忽发奇想，以经史典故和赵明诚赌赛，赢者便可先饮香茶一杯，输者则饮白水。两人每次吃完饭，坐在归来堂上烹茶，一人说出某一典故，要对方在成堆的史书中找出出自哪本书的第几卷第几页第几行，以猜中与否决定胜负。常常是夫妻双赢，双双举杯，欢声笑语不断。举杯品茗以决胜负，气氛欢悦，兴会淋漓，雅趣相投，悠闲自得，真可谓“被酒莫妨春睡重，睹书消得泼茶香”。李清照和赵明诚的这桩饮茶趣事成了中国茶史上千古流传的风流佳话，把读书与饮茶结合得最为兴味盎然。这种芮雅怡乐、妙趣横生的猜典饮茶的夫妻生活，使李清照不由从内心发出“甘心情愿在这种生活环境中过上一辈子”的祈祷。

茶在宋代成为文人雅士必不可少的依托，甚至超过了唐人的美酒。宋代文人雅士中还流行一种“分茶”游戏，李清照和赵明诚对“分茶”这种游戏的赏玩也是十分内行的。所谓“分茶”，又称“茶戏”或“汤戏”“水丹青”等，具体操作是：在煮茶时，等到茶汤上浮细沫如乳，就用箸或匙搅动，使茶汤波纹变幻出各种各样的形状。传说当时有个福全和尚，就有这种通神之艺，他在煮茶时，于汤面上幻出丰富多变的物象，成一句诗，并点四盏，就是一首绝句了，竟然使得寺庙门前日日有人登门观看他分茶出幻象的表演。李清照也是分茶能手，在她的词中就有忆及玩赏分茶的记载，《转调满庭芳》词中这样说：当年曾胜赏，生香薰袖，活火分茶。《摊破浣溪沙》中也写道：豆蔻连梢煎熟水，莫分茶。这是说不宜分茶的情况。

后来，在国家动荡的年代，要埋头整理文物或分茶取乐已经不可能了。东京被金兵攻陷的时候，李清照和赵明诚还在淄州。不久，风声越来越紧，李清照跟着赵明诚到了建康。他们把最名贵的金石图书，随身带走了十五车。后来金兵攻下青州，李清照留在老家的十几房子文物，竟被战火烧成一堆灰烬。中原沦陷后，李清照与丈夫南流，过着颠沛流离、凄凉愁苦的生活。赵明诚去世后，李清照肝肠寸断，但是最要紧的还是继承丈夫的遗志，把文物保护好。李清照为了逃难，到处奔走。到她在绍兴定居的时候，她身边的文物散失的散失，被偷的被偷，只留了一些残简零篇了。随后，李清照只身漂泊于台州、温州、金华等地，境遇孤苦。李清照晚年过着孤独无依的生活，只有通过喝酒饮茶来打发寂寞难耐的岁月，此时孤身独饮茶，全没了当年猜典述诗赏识金石文物的乐趣，只有茶叶苦涩的味道久留在齿中。

一壶新茗与数竿修竹

那年早春二月的一天，郑板桥清早起来，来到扬州城外一个叫雷塘的地方，看见一片树林边上，有一户人家，院中一株杏树花团锦簇。郑板桥感到有些口渴，就信步来到院门口，轻叩柴扉。这是一户乡下人家，主人去世多年，留下五个女儿，四朵金花已相继嫁人，唯留最小的姑娘在家侍候老母，还没有婆家。老夫人见有客至，便热情地邀入茅屋小坐，捧茶一杯，接待这位不速之客。郑板桥一边品尝香茗，一边欣赏着墙上挂的书法，发现竟是自己的作品，便问老夫人道：“您认识郑板桥吗？”老夫人答道：“久闻其名，不识其人。只是小女喜欢他的字画，纺纱绩麻攒些剩余，买了来挂在墙上早晚凝望。”郑板桥笑着说：“我就是郑板桥。”老夫人闻言惊喜不已，急忙奔向里屋，喊道：“女儿还不出来，郑板桥先生来啦！”

听得里屋梳篦轻响，不一会儿出来一位端庄秀丽的女子，与郑板桥见礼，说：“久闻郑先生大名，尤喜欢读先生诗词。想斗胆请先生题书一幅，不知先生意下如何？”郑板桥问五姑娘姓氏芳龄，方知其名五姑娘，芳龄十七岁。郑板桥见五姑娘秀丽端庄，又爱好诗文，爱恋之情油然生起，自然一口答应，取过随身携带的书囊，拿出花笺、湖笔和端砚，由五姑娘纤手磨墨，侍候郑板桥挥毫。一纸书罢，郑板桥别有用心，便又题书《西江月》茶词一首送给五姑娘，词云：

微雨晓风初歇，纱窗旭日才温，绣帏香梦半朦腾，窗外鹦哥未醒。

蟹眼茶声静悄，虾须帘幭影轻明，梅花老去杏花匀，夜夜胭脂怯冷。

郑板桥以眼前景、眼前事、眼前人入诗，那五姑娘纯真聪明，自然晓得个中意味，况且她正是情窦初开之时，为这情意绵绵的茶词，羞得颜似桃花，低下头去。老妇人早在一旁窥到两人你有情我有意，觉得机不可失，便开门见山地说：“早就听说先生丧偶未娶，何不娶小女为妻呢？况且小女长相可人，又爱慕先生才华。”

清代　绿釉竹节壶

高 10.2 厘米。

郑板桥正有此意，说："我只是一介寒士，怎么能娶得如此丽人？"老妇人说："我母女不求荣华富贵，只要能为我养老送终就行啦。"郑板桥喜上眉梢，一口允诺，说："明年我进京赶考，如果考中进士，也要等到后年才能返回，不知五姑娘能等得那时否？"五姑娘连连点头，满心欢喜。由于事先没有准备，郑板桥就以《西江月》茶词作为定亲聘礼。两年后，郑板桥返回扬州，与五姑娘完婚。郑板桥这段富有传奇色彩的茶缘，堪称茶史上的风流佳话。

郑板桥，名燮，号板桥，江苏兴化人，乾隆进士，先后当过十二年县令，为官清廉刚正，能够体察民情。郑板桥诗、书、画皆佳，人称"三绝"，又喜品茗，懂茶道，与茗茶结缘颇深。他最向往的是"最爱晚凉佳客至，一壶新茗泡松萝""黄泥小灶茶烹陆，白雨幽窗字学颜"的恬淡怡然生活。饮茶品茗，写字作画，使郑板桥的日常生活充满奇情雅趣，他也从这清茶苦茗中细细品味出空灵淡泊的人生实质，被后人誉为"扬州八怪"之一。

饮茶品茗作为一种恬淡隽永的美的享受，为文人的精神世界提供了一个特定氛围的美妙空间，有助于诗人墨客多情躁动的心态渐入佳境。郑板桥的文人气质，与饮茶品茗所提供的环境紧紧相连，在这一悠闲儒雅的气氛中，郑板桥洗净仕途的尘灰，淡泊宦海的沉浮，醉心于悠闲自得、恬然自适的生活。在郑板桥看来，茶使人脱俗，使人得雅趣，在这样悠闲雅致的环境里品茗、写诗、作画，自然会不同凡响。郑板桥的许多竹、兰、石等画作，就是在这种环境里创作出来的，他在给友人的题画文中非常形象地描绘了这一块净土：

> 茅屋一间，新篁数竿，雪白纸窗，微浸绿色。此时独坐其中，一盏雨前茶，一方端砚石，一张宣州纸，几笔折枝花，朋友来至，风声竹响，愈喧愈静。

不但郑板桥的日常生活和艺术创作活动都是以茶相伴的，而且他还有许多直接咏茶的诗作，写得情趣盎然，《小廊》是这样抒写品茗与心态合二为一的：

> 小廊茶熟已无烟，折取寒花瘦可怜。
> 寂寂柴门秋水阔，乱鸦揉碎夕阳天。

秋高气爽，秋水涟涟，推开小廊的轩窗，一边品茗一边欣赏秋天的景色，诗人的身心似乎已经完全融在茶香和初秋的晚景之中。看来，郑板桥确实喜欢在晚景中品茗赋诗，他的几首《题画》诗，多有与品茗有关的文字：

> 不风不雨正晴和，翠竹亭亭好节柯。
> 最爱晚凉佳客至，一壶新茗泡松萝。

另一首是这样写的：

> 几枝新叶萧萧竹，数笔横皴淡淡山。
> 正好清明连谷雨，一杯香茗坐其间。

翠竹玉立，袅袅亭亭，下晚时分，佳客不邀而至。于是，一壶新茗对应窗外之数竿修竹，竹之清香清韵与茶之清香清韵相得益彰，在春天的黄昏中情趣盎然。春光、翠竹、香茗、嘉宾相映生色，使得茅屋小舍雅静而可爱。

“民于顺处皆成子，官到闲时更读书”。郑板桥 61 岁时，因为为民请命，触犯了顶头上司，于是辞去官职，归田为民。离开任上的时候，百姓遮道挽留，家家画像以祀，并自发于潍城海岛寺为郑板桥建立了生祠。去官以后，郑板桥靠卖画鬻字来养家糊口，往来于扬州、兴化之间，与同道们书画往来，诗酒唱和。这段时期，郑板桥所作书画作品极多，流传极广。乾隆三十年（1765 年）十二月十二日，郑板桥病逝，享年 73 岁。

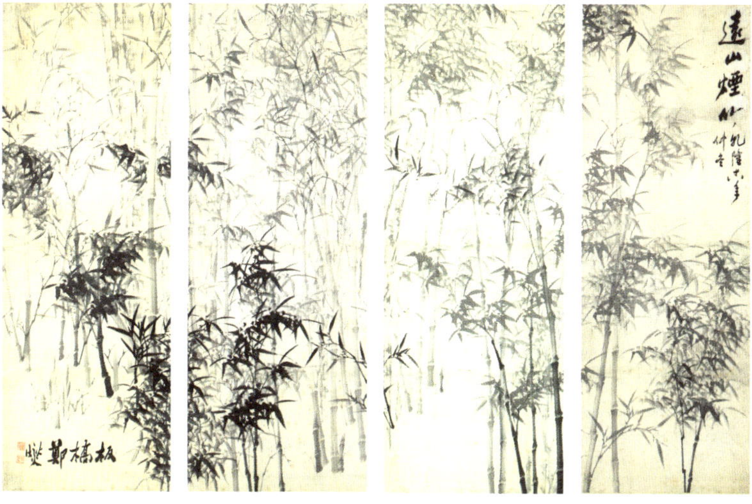

清代　郑燮绘《远山烟竹图》轴　272.4厘米×68.6厘米。

第二节 茶诗茶词皆香音

中国的古文化历史悠久，茶文化在其中占有重要的地位。作为茶文化的一个组成部分，茶诗茶词则要算是一道意境优美而深远的独特风景……

清香的韵

中国的古文化历史悠久，茶文化在其中占有重要的地位。作为茶文化的一个组成部分，茶诗茶词则要算是一道意境优美而深远的独特风景。

中国最早的茶诗可以追溯到《诗经》。作为茶字的前身，“荼”字曾多次在《诗经》中出现，涉及的篇幅达七首之多，其中至少有《大雅·绵》等三篇可以视为茶诗的源头。

西晋左思的《娇女》也是茶诗中较早的一篇，在这首诗中，左思描写了两位娇女因为急着要喝茶，就用嘴对着烧水的“鼎”吹气的情形。诗中“心为茶荈剧，吹嘘对鼎砺”的句子不仅描绘了北方官宦人家煮茶品茗的场景，还记载了茶器、煮茶习俗等内容，反映出了茶叶在当时人们生活中的地位，其形象生动的表现方式让人由衷地叹服。

唐代是诗歌发展最为昌盛的时期，也是茶叶制作和品饮发展最快的时期，因此涌现了大批以茶为题材的诗篇。仅据《全唐诗》不完全统计，这期间涉及茶事的诗作就有600余首，咏茶的诗人达150余人。李白《答族侄僧中孚赠玉泉仙人掌茶》中的“茗生此中石，玉泉流不歇”，杜甫《重过何氏五首之三》中的“落日平台上，春风啜茗时”，白居易《夜闻贾常州、崔湖州茶山境会亭欢宴》中的“遥闻境会茶山夜，珠翠歌钟俱绕身”以及卢仝《走笔谢孟谏议寄新茶》中的“唯觉两腋习习清风生”“玉川子，乘此清风欲归去”等诗句，或赞美茶的功效，或以茶寄托感遇，被后人广为传诵，都是脍炙人口的佳作。诗人袁高的《茶山诗》：“黎甿辍农桑，采摘实苦辛。一夫旦当役，尽室皆同臻。扪葛上欹壁，蓬头入荒榛。终朝不盈掬，手足皆鳞皴……选纳无昼夜，捣声昏继晨”，则表现了作者对顾渚山人民蒙受贡茶之苦的同情。李郢的《茶山贡焙歌》，描写官府催迫贡茶的情景，也表现了诗人同情黎民疾苦和内心的苦闷。此外，皎然的《九日与陆处士羽饮茶》、韦应物的《喜园中茶生》、钱起的《过长孙宅与郎上人茶会》、杜牧的《题茶山》以及元稹的《一字至七字诗·茶》等诗，也都显示了唐代茶诗的兴盛与繁荣。

宋朝是我国经济较为繁荣的一个朝代，斗茶和茶宴在社会的各个阶层十分盛行，所以茶诗、茶词大多表现以茶会友，相互唱和以及触景生情、抒怀寄兴的内容。在宋代的著名诗人词人中，写过茶的占大多数，欧阳修、梅尧臣、范仲淹、黄庭坚、陆游、杨万里等名士和宋徽宗赵佶都曾写过关于茶的诗歌。北宋词人中写茶诗最多的是苏东坡，总共有数十首，其中多有精品佳句。如

明代隆庆 景德镇窑青花诗文碗

高6厘米。美国大都会博物馆藏。

《汲江煎茶》中的“大瓢贮月归春瓮，小杓分江入夜瓶”和《次韵寄壑源试焙新茶》中的“戏作小诗君勿笑，从来佳茗似佳人”等，都是千古名句，至今仍为人们津津乐道。南宋诗人作茶诗最好的是陆游和杨万里，陆游的《晚秋杂兴十二首》和杨万里的《以六一泉煮双井茶》都是茶诗中的名作。

元代的咏茶之作数量和质量都比唐宋要差，但也偶有亮点，茶曲的出现就是其中之一。元人李德载的 10 首《赠茶肆》散曲，是为茶楼而作的绝佳广告词，填补了中国茶文化的一项空白。另外，耶律楚材的《西域从王君玉乞茶，因其韵七首》、洪希文的《煮土茶歌》、谢宗可的《茶筅》、谢应芳的《阳羡茶》等茶诗也都流传很广。

明清两代也有许多咏茶的名家，其中明代著名的茶诗有黄宗羲的《余姚瀑布茶》、文徵明的《煎茶》、陈继儒的《失题》、陆容的《送茶僧》等。而清代郑燮、金田、陈章、曹廷栋、张日熙等的咏茶诗也多为那个时代的著名诗篇。在明清的众多咏茶名人中，有一个人特别值得一提，他就是名为爱新觉罗·弘历的乾隆皇帝。乾隆一生六下江南，其中有五次曾为杭州西湖龙井茶作诗，从而提高了杭州龙井的声誉。在乾隆的《观采茶作歌》一词中，就有“西湖龙井旧擅名，适来试一观其道”的句子，因皇帝的独特身份，这样的句子被广为传颂，这也应该算是为龙井茶做的最好的广告了。

在数量庞大的历代茶诗茶词中，诗词的体裁也呈现出丰富多彩的局面，可谓一应俱全。翻开历代咏茶的诗词，除了可以看到五古、七古；五律、七律、排律；五绝、六绝、七绝等诗体，还有不少在诗海中很难一见的体裁也可以在茶诗中找到。比如可引人联想的寓言诗，形式新颖的宝塔诗，趣味十足的回文诗，以及联句诗、唱和诗等，它们一起组成了一个异彩缤纷的茶诗之河，为茶的清香增添了更多的韵味。

清代嘉庆 洋彩御制诗文海棠式绿地茶盘

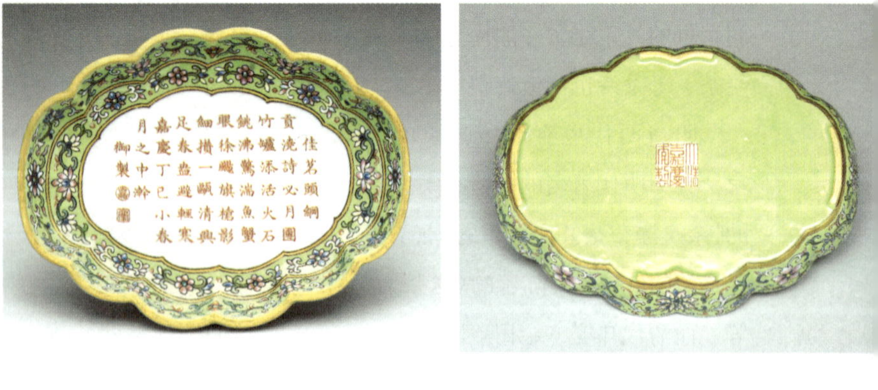

茶诗与茶词

一言至七言诗

茶

［唐］元稹

茶，
香叶，嫩芽。
慕诗客，爱僧家。
碾雕白玉，罗织红纱。
铫煎黄蕊色，碗转曲尘花。
夜后邀陪明月，晨前命对朝霞。
洗尽古今人不倦，将至醉后岂堪夸。

走笔谢孟谏议寄新茶

［唐］卢仝

日高丈五睡正浓，军将打门惊周公。
口云谏议送书信，白绢斜封三道印。
开缄宛见谏议面，手阅月团三百片。
闻道新年入山里，蛰虫惊动春风起。
天子须尝阳羡茶，百草不敢先开花。
仁风暗结珠琲瓃，先春抽出黄金芽。
摘鲜焙芳旋封裹，至精至好且不奢。
至尊之馀合王公，何事便到山人家？
柴门反关无俗客，纱帽笼头自煎吃。
碧云引风吹不断，白花浮光凝碗面。
一碗喉吻润，二碗破孤闷。
三碗搜枯肠，惟有文字五千卷。
四碗发轻汗，平生不平事，尽向毛孔散。
五碗肌骨清，六碗通仙灵。
七碗吃不得也，唯觉两腋习习清风生。
蓬莱山，在何处？玉川子，乘此清风欲归去。
山上群仙司下土，地位清高隔风雨。
安得知百万亿苍生命，堕在巅崖受辛苦。
便为谏议问苍生，到头还得苏息否？

《尝茶》

［唐］刘禹锡

生拍芳丛鹰嘴芽，老郎封寄谪仙家。
今宵更有湘江月，照出霏霏满碗花。

《对茶》

［唐］孙淑

小阁烹香茗，疏帘下玉沟。
灯光翻出鼎，钗影倒沉瓯。
婢捧消春困，亲尝散暮愁。
吟诗因坐久，月转晚妆楼。

《尚书惠蜡面茶》

［唐］徐寅

武夷春暖月初圆，采摘新芽献地仙。
飞鹊印成香蜡片，啼猿溪走木兰船。
金槽和碾沉香末，冰碗轻涵翠缕烟。
分赠恩深知最异，晚铛宜煮北山泉。

答族侄僧中孚赠玉泉仙人掌茶

［唐］李白

尝闻玉泉山，山洞多乳窟。
仙鼠白如鸦，倒悬清溪月。
茗生此中石，玉泉流不歇。
根柯洒芳津，采服润肌骨。
丛老卷绿叶，枝枝相接连。
曝成仙人掌，以拍洪崖户。
举世未见之，其名谁定传。
宗英乃禅伯，投赠有佳篇。
清镜烛无盐，顾惭西子妍。
朝坐有馀兴，长吟播诸天。

和韦开州盛山茶岭

［唐］张籍

紫芽连白蕊，初向岭头生。
自看家人摘，寻常触露行。

喜园中茶生

［唐］韦应物

洁性不可污，为饮涤尘烦；

此物信灵味，本自出山原。
聊因理郡馀，率尔植荒园；
喜随众草长，得与幽人言。

茗 坡

［唐］陆希声

二月山家谷雨天，半坡芳茗露华鲜。
春醒病酒兼消渴，惜取新芽旋摘煎。

湖州贡焙新茶

［唐］张文规

凤辇寻春半醉回，仙娥进水御帘开。
牡丹花笑金钿动，传奏吴兴紫笋来。

峡中尝茶

［唐］郑谷

簇簇新英摘露光，小江园里火煎尝。
吴僧漫说鸦山好，蜀叟休夸乌嘴香。
合座半瓯轻泛绿，开缄数片浅含黄。
鹿门病客不归去，酒渴更知春味长。

《茶》

［宋］林逋

石碾轻飞瑟瑟尘，乳香烹出建溪春。
世间绝品人难识，闲对茶经忆古人。

《咏茶》

［宋］苏轼

武夷溪边粟粒芽，前丁后蔡相宠加。
争新买宠各出意，今年斗品充贡茶。
吾君所乏岂此物，致养口体何陋耶？
洛阳相君忠孝家，可怜亦进姚黄花。

汲江煎茶

［宋］苏轼

活水还须活水烹，自临钓石汲深清；
大瓢贮月归春瓮，小杓分江入夜瓶。
雪乳已翻煎处脚，松风忽作泻时声；
枯肠未易禁三椀，坐听荒城长短更。

尝新茶北

［宋］曾巩

麦粒收来品绝伦，葵花制出样争新。
一杯永日醒双眼，草木英华信有神。

茶　诗

［五代晋］郑邀

嫩芽香且灵，吾谓草中英。
夜臼和烟捣，寒炉对雪烹。
惟忧碧粉散，常见绿花生。
最是堪珍重，能令睡思清。

《咏贡茶》

［元］林锡翁

百草逢春未敢花，御花葆蕾拾琼芽。
武夷真是神仙境，已产灵芝又产茶。

《尝云芝茶》

［元］刘秉忠

铁色皴皮带老霜，含英咀美入诗肠。

舌根未得天真味，鼻观先通圣妙香。
海上精华难品第，江南草木属寻常。
待将肤凑侵微汗，毛骨生风六月凉。

《雪煎茶》

［元］谢宗可

夜扫寒英煮绿尘，松风入鼎更清新。
月圆影落银河水，云脚香融玉树春。
陆井有泉应近俗，陶家无酒未为贫。
诗脾夺尽丰年瑞，分付蓬莱顶上人。

《蓝素轩遗茶谢之》

［明］邱云霄

御茶园里春常早，辟谷年来喜独尝。
笔阵战酣青叠甲，骚坛雄助录沉枪。
波惊鱼眼听涛细，烟暖鸱罂坐月长。
欲访踏歌云外客，注烹仙掌露华香。

《茶烟》

［明］瞿佑

濛濛漠漠更霏霏，淡抹吟屏幂讲帷。

石鼎火红诗咏后，竹炉汤沸客来时。
雪飘僧舍衣初湿，花落舭船鬓已丝。
惟有庭前双白鹤，翩然趋避独先知。

采茶词

［明］高启

雷过溪山碧云暖，幽丛半吐枪旗短。
银钗女儿相应歌：筐中摘得谁最多？
归来清香犹在手，高品先将呈太守。
竹炉新焙未得尝，笼盛贩与湖南商。
山家水解种禾黍，衣食年年在春雨。

《武夷茶》

［清］陆廷灿

桑苎家传旧有经，弹琴喜傍武夷君。
轻涛松下烹溪月，含露梅边煮岭云。
醒睡功资宵判牍，清神雅助画论文。
春雷催茁仙岩笋，雀尖龙团取次分。

明代　文徵明绘《惠山茶会图》

22厘米×67厘米。北京故宫博物院藏。图中讲述的是正德十三年（1518年），文徵明偕同好友蔡羽、汤珍、王守、王宠等游览无锡惠山，在惠山山麓的『竹炉山房』品茶赋诗的故事。

清代　年画《采茶歌》

大英博物馆藏。《茶经》：『其味甘，槚（茶树，简称为茶）也；不甘而苦，荈（采摘时间晚）也；啜苦咽甘，茶也。』谷雨前茶比清明前茶更为好喝，所以，南方流行清明前采茶，姑娘们边采茶边歌唱。先是一人干唱，无伴奏，后来发展成为以竹击节、一唱众和的『十二月采茶歌』的联唱形式，这便是将采茶歌引入庭院户室演唱的开始。『十二月采茶歌』主要有三种形式：一是『顺采茶』，从正月唱到十二月；二是『倒采茶』，从十二月唱到正月；三是『四季茶』，则唱一年的春夏秋冬。

采茶歌

［清］陈章

凤凰岭头春露香，青裙女儿指爪长。
度涧穿云采茶去，日午归来不满筐。
催贡文移下官府，那管山寒芽未吐。
焙成粒粒比莲心，谁知侬比莲心苦。

清茶妙联

为名忙，为利忙，忙里偷闲，且喝杯茶去；
劳心苦，劳力苦，苦中作乐，快拿壶酒来。

扫来竹叶烹茶叶；
劈碎松根煮菜根。

花笺茗碗香千载；
云影波光活一楼。

得与天下同其乐；
不可一日无此君。

山好好，水好好，开门一笑无烦恼；
来匆匆，去匆匆，饮茶几杯各西东。

清代　百古茶壶

高 16.5 厘米。

清代嘉庆　洋彩开光御制诗文绿地茶壶

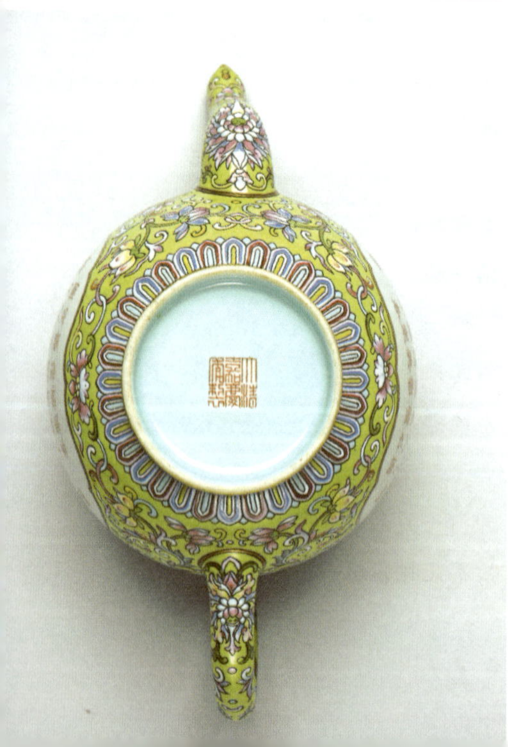

坐，请坐，请上座；
茶，敬茶，敬香茶。

泉从石出情宜冽；
茶自峰生味更圆。

诗写梅花月；
茶烹谷雨香。

草泥来趁蟹螯健；
茗鼎香伴小龙团。

酒醒饭饱茶香；
花好月圆人寿。

若能杯酒比名淡；
应信村茶比酒香。

四大皆空，坐片刻无分你我；
两头是道，吃一盏莫问东西。

汲来江水烹新茗；
买尽青山当画屏。

清代　费丹旭绘《妙玉品茶》

清代人绘《松下饮茶图》

31.5厘米×30厘米。

美酒千杯难成知己；
清茶一盏也能醉人。

欲把西湖比西子；
从来佳茗似佳人。

茗外风清移月影；
壶过夜静听松涛。

泉香好解相如渴；
火候闲评东坡诗。

陶潜善饮，易牙善烹，饮烹有度；
陶侃惜分，夏禹惜寸，分寸无遗。

采向雨前，烹宜竹里；
经翻陆羽，歌记卢仝。

香分花上露；
水吸石中泉。

红透夕阳，好趁余辉停马足；
烹茶活水，须从前路汲龙泉。

鹿鸣饮宴，迎我佳客；
阁下请坐，喝杯清茶。

煮沸三江水；
同饮五岳茶。

花间渴想相如露；
竹下闲参陆羽经。

歇一歇消消暑气；
喝二杯品品香茗。

竹雨松风琴韵；
茶烟梧月书声。

阁构三层读书论世；
泉飞云壑听瀑煮茗。

松涛烹雪醒诗梦；
竹院浮烟荡俗尘。

瓦壶水沸邀宾客，列位请进请进；
茗碗香腾破睡魔，诸君快来快来。

来不拈，去不送，礼义不拘方便地；
烟自奉，茶自酌，悠游自得大罗天。

小天地，大场合，让我一席；
论英雄，谈古今，喝它几杯。

斗酒恣欢，方向骚人正妙述；
杯茶泛碧，庵前过客暂停车。

茶可清心；
酒能乱性。

好事不容易做，大包不容易卖，针鼻铁，薄利只凭微中削；
携子饮茶者多，同父饮茶者少，檐前水，点滴何曾倒转流。

最宜茶梦同圆，海上壶天容小隐；
休得酒家借问，座中春色亦常春。

世间重担实难挑，菱角凹中，也好息肩聊坐凳；
天下长途不易走，梅花岭上，何妨歇脚且斟茶。

酒好能引八方客；
茶香可会千里友。